此著作成果为国家社科基金一般项目"基于概念整合范式研究"（编号19BYY007）阶段性成果。

英语名化的认知功能模型构建及应用

缪海涛◎著

吉林出版集团股份有限公司
全国百佳图书出版单位

版权所有　侵权必究
图书在版编目（CIP）数据
　　英语名化的认知功能模型构建及应用 / 缪海涛著. -- 长春：吉林出版集团股份有限公司, 2021.12
　　ISBN 978-7-5731-1334-4

　　Ⅰ. ①英… Ⅱ. ①缪… Ⅲ. ①英语－语法－研究
Ⅳ. ①H314

中国版本图书馆 CIP 数据核字（2022）第 017950 号

英语名化的认知功能模型构建及应用
Construction and Application of the Cognitive-Functional Model on English Nominalization

著　　者：缪海涛	责任编辑：郭玉婷
出版策划：齐　郁	

出　　版：	吉林出版集团股份有限公司
	（长春市福祉大路5788号，邮政编码：130118）
发　　行：	吉林出版集团译文图书经营有限公司
	（http://shop34896900.taobao.com）
电　　话：	总编办 0431-81629909　　营销部 0431-81629880/81629881
印　　刷：	天津和萱印刷有限公司
开　　本：	787mm×1092mm　　1/16
印　　张：	11.75
字　　数：	210 千字
版　　次：	2022 年 7 月第 1 版
印　　次：	2022 年 7 月第 1 次印刷
书　　号：	ISBN 978-7-5731-1334-4
定　　价：	78.00 元

印装错误请与承印厂联系

前　言

　　英语是当今世界上使用最为广泛的通用语言，在文化多元化的今天，作为一种国际通用语言，英语是必不可少的交际工具。在英语学习中有许多语法化的过程，名化就是其中的一种。名化是指把其他词性的词，一般为动词或形容词，变成名词的语法过程。

　　在英语学习中名化是很普遍的语法现象。本书以英语语言中的名化现象为研究对象，以认知语言学和功能语言学相关理论为主要框架，建立认知功能理论模型，从而进一步探索名化现象的本质，拓展和补充二语习得理论。

　　本书共分九章。第一章的内容为引言，论述了研究的意义和价值，分别介绍了研究来源、研究意义及价值、研究内容、研究方法和思路与应用价值等四个方面的内容。第二章是对本研究的概述，包括名化的定义和实现、研究的范围和研究的方法。第三章介绍了主流学派对名化的研究，对不同的研究方法进行了介绍和比较，并指出了本书的研究成果和局限性。第四章论述了语言认知功能模型的建立，研究认知观与功能观的关系，探讨二者之间的联系，并以此为基础构建认知功能模型。第五章致力于名化研究的认知功能模型的构建，探讨英语名化现象的认知性功能和功能性认知，用新的视角构建英语名化研究的认知功能模型。第六章从认知功能的角度对名化进行了研究，并对名化在不同元功能中的实现进行了研究。第七章研究名化与语法隐喻。从认知功能视角研究了语法隐喻的整体工作机制，论证了名化是语法隐喻的重要手段。第八章讨论了名化的选择限制，包括结构限制、语境限制和文体限制。第九章围绕名化作为一种强大的社会语言学标记，对各类语篇的意义构建所起的重要作用进行论述。第九章介绍名化的教学，尝试构建认知功能教学法，并将其用于名化的写作等教学中。这也是对本研究的延伸。

在撰写本书的过程中，笔者得到了许多专家学者的帮助和指导，参考了大量的学术文献，在此表示真诚的感谢！

本书内容系统全面，论述条理清晰、深入浅出。由于作者水平有限，加之时间仓促，本书难免存在一些疏漏，恳请同行专家和读者朋友批评指正！

2021 年 7 月

目 录

第一章　引言 ……………………………………………………… 1
　　第一节　研究来源 …………………………………………… 1
　　第二节　研究意义及价值 …………………………………… 3
　　第三节　研究内容 …………………………………………… 4
　　第四节　研究方法和思路 …………………………………… 5
　　第五节　本书架构 …………………………………………… 6
第二章　主流学派的英语名化研究 ……………………………… 8
　　第一节　名化的界定 ………………………………………… 8
　　第二节　主流学派名化研究 ………………………………… 13
　　第三节　结语 ………………………………………………… 20
第三章　语言研究的认知功能模式 ……………………………… 21
　　第一节　认知语言学概述 …………………………………… 22
　　第二节　系统功能语言学概述 ……………………………… 27
　　第三节　功能语言学和认知语言学的异同 ………………… 36
　　第四节　认知—功能模型的构建 …………………………… 46
　　第五节　结语 ………………………………………………… 53
第四章　英语名化的认知—功能模型 …………………………… 55
　　第一节　名化的认知过程 …………………………………… 56
　　第二节　认知功能观再认识 ………………………………… 62
　　第三节　英语名化的认知功能模型构建 …………………… 67
　　第四节　结语 ………………………………………………… 71

第五章　名化的认知功能性 ································· 72
 第一节　经验功能和名化 ································· 72
 第二节　名化和人际功能 ································· 81
 第三节　名化和篇章功能 ································· 85

第六章　名化和语法隐喻 ································· 91
 第一节　语法隐喻的认知功能观 ······················· 91
 第二节　名化作为语法隐喻的重要手段 ············· 95
 第三节　结语 ··· 105

第七章　名化的选择限制的认知功能解析 ············ 106
 第一节　结构的限制 ······································ 106
 第二节　语境与名化的选择限制 ······················· 113
 第三节　文体的限制 ······································ 115
 第四节　结语 ··· 119

第八章　名化语体的认知功能研究 ····················· 121
 第一节　语体（styles） ··································· 121
 第二节　英语名化后缀的语体功能 ···················· 122
 第三节　名化在不同语体中的应用 ···················· 129
 第四节　结语 ··· 136

第九章　基于认知功能教学法的名化教学研究 ······ 138
 第一节　认知功能教学法 ································ 138
 第二节　语言的认知功能教学法 ······················· 151
 第三节　名化与写作教学 ································ 152
 第四节　教育教学视角下的名化功能研究 ·········· 159

参考文献 ·· 161
附　录 ·· 178

第一章 引言

作为一种重要的语言现象，名化有着深刻的哲学价值，是使我们能够以有限的语言资源来应对纷繁复杂的世界的一种手段。对英语名化产生的深层的理据及其功能性的研究，对人类认识世界，并用语言更好地描述世界，具有深刻的哲学意义。目前，国内外学界对名化的理解，特别是在对名化的生成机制与工作机制的认识问题上存在一定分歧。构建英语名化认知功能理论模型，是解决这一分歧的最佳方案。通过跨领域的研究视角，从认知语言学和功能语言学的契合点出发，探讨名化形成的心理特征和社会特征，既揭示其形成的内在动因，又能更好地解读其社会功能，从而充分探索英语名化现象的本质及其使用限制，对英语教材的编写、英语口笔语的教与学及汉语名化现象的对比研究均具有较强的指导意义。

第一节 研究来源

名化是英语中比较重要的一种语言现象，主流语言学派对英语名化极为关注，但他们各自的理论视角有所不同。具体地说，结构主义语言学派认为名化现象有类无别，生成语言学派对其研究则基本囿于形式。比较而言，功能学派和认知学派对名化的研究更深入，且有所侧重。其一，功能语言学派把语言看作一个系统，从语言的各个层面出发，对名化的概念、人际、篇章功能进行了比较系统和独到的探索；认知语言学派则更多聚焦于名化的形成机制，主要探究其内在规律性。其二，功能学派在名化的研究中侧重其社会性特征，对人们的认知心理基础涉猎较少，而认知学派更强调名化的个体特征，主要关注认知机制与名化形成的动因。鉴于此，本课题强调名化研究的认知和功能双重视角，构建英语名化研究的认知功能模型，并将英语名化的认知性、功能性及其应用性纳入这一模型，目的是更系统、更全面地诠释英语名化现象。

　　据不完全统计，近20年来，国外专家发表的有关英语名化的专著有6部，SSCI论文有20余篇；在国内各类核心期刊，特别是外语类核心期刊上发表的相关论文共100多篇，其中包括30余篇硕士论文，1篇博士论文。从现有文献看，对名化的认知功能研究占据了主导地位，这些研究有点有面，各有侧重，大致可分为两类。一类是从功能角度研究名化。国外学者有J.韩礼德（Halliday）、J.马丁（J. Martin）等，国内学者有胡壮麟、朱永生、范文芳、刘国富等。他们重点研究名化对三大功能的实现、名化在不同文体中的体现、名化在语法隐喻中的作用及名化使用的英汉对比。另一类是从认知角度研究名化。国外学者以G.莱考夫（G. Lakoff）和R.兰盖克（R. Langacker）等为代表，国内学者有张高远、张权等，他们主要关注名化的原型、范畴、类别、生成机制等。可以肯定的是，上述研究或偏重于功能，或偏重于认知。有些研究虽被冠以名化的认知功能研究之名，但其认知主要是指认识功能的实现过程，侧重点仍居于名化现象的应用层面，并未深入到语言内在动因的研究。换言之，这些研究未能梳理出英语名化认知与功能关系，更没有建立认知功能模型。

　　值得一提的是，近年来一些学者（张高远和王克非，2004，2008；刘国辉和汪兴富，2005）提出了名化研究的认知功能理念，引介了相关理论和书籍，对英汉语中的部分名化现象进行了初步的探讨和研究。王立非、刘英杰（2011）也指出了对名化这一现象进行系统的认知功能研究的必要性，指出了今后进一步进行名化研究的方向。因此，在上述研究的基础之上，本文致力于探寻名化研究的认知和功能契合点，构建一个以认知为基础、以功能为导向的英语名化认知功能理论模型，拓展名化研究的理论视角，深化人们对英语名化现象理论和应用的认识。

第二节 研究意义及价值

一、哲学意义

作为一种重要的语言现象，名化有着深刻的哲学价值，是使我们能够以有限的语言资源来应对纷繁复杂的世界的一种手段。对英语名化产生的深层的理据及其功能性的研究，对人类认识世界，并用语言更好地描述世界，具有深刻的哲学意义。

二、理论意义

国内外学界对名化的理解，特别是在对名化的生成机制与工作机制的认识问题上存在一定分歧。构建英语名化认知功能理论模型，是解决这一分歧的最佳方案。本课题的另一个重点是探讨名化形成的心理特征和社会特征，这在一定程度上拓展了二语习得研究的心理语言学和社会语言学理论视角。

三、方法论意义

如前所述，本课题对名化的研究是基于认知语言学和功能语言学的交叉研究，与其他研究最大的不同之处就是本研究在前人研究的基础上，通过跨领域的视角来研究英语名化现象的本质。本研究范式对未来此类研究（如动词化现象）具有较强的方法论意义。

四、应用价值

本课题成果充分揭示英语名化的本质及其使用限制，对英语教材的编写、英语口笔语的教与学均具有较强的应用价值。

第三节 研究内容

本书以英语语言中的名化现象为研究对象,以认知语言学和功能语言学相关理论为主要框架,建立认知功能理论模型,从而进一步探索名化现象的本质,拓展和补充二语习得理论。

本书基本观点:语言的组织结构具有层次性,具有特定的系统网络结构。名化体现的正是语言系统内层级转移和横组合关系变换的过程。变换源自功能的需求,通过内部机制转换而发生,表现为浓缩、抽象的语言形式。对上述过程的描述一方面要深入语言内部,从认知角度研究该结构的生成、转换及句法表征,从而揭示名化现象的本质,进一步解决名化研究的层级、级差转移、原型范畴、规律性等核心问题;另一方面还需要汲取Halliday语言研究的多功能系统思想(分别为概念功能、人际功能和语篇功能),探究英语名化在不同环境下的使用条件和特征。从上述观点出发,构建一个以认知为基础、以功能为导向的英语名化认知功能模型。

本书研究内容包括:

(1)厘清认知语言学与系统功能语言学的共同关注点与不同视角。本课题从两大语言学派的哲学思想和基本语言观出发,寻求二者的理论契合点,构建一个由内而外的有助于语言问题研究的理论模型。

(2)基于该理论模型,探讨英语名化的经验、人际和篇章的认知功能特征。具体地说,利用名化在隐喻中的认知功能机制,重新审视语法隐喻与传统隐喻的关系,通过探讨名化的选择限制机制,关注名化转换过程中的结构和意义变化、规律性及可预测性。

(3)以上述研究结果为基础,构建英语名化的认知功能理论模型。该模型的建立有望克服认知语言学和系统功能语言学对名化研究的离散性,是一个将经验和认知、结构和语境、过程和功能结合起来,既尊重客观规律,又兼顾主观能动作用的英语名化研究范式。

(4)以现有英语专业教材和中国英语学习者不同文体的口笔语为语料,以定量研究为主要方法,通过描述英语名化在服务不同教学层次的教学材料及不同水平的学习者口笔语时出现的频次、类别和分布,检验、修正和优化英语名化认知功能理论模型。

第四节　研究方法和思路

本研究首先是理论驱动下的定性研究。以认知语言学和功能语言学为主要理论框架，提出理论假设。具体地说，本研究梳理出认知语言学和功能语言学对英语名化现象的研究，寻求两者对名化现象描述的共性特征，重点从名化的生成机制、结构表征、经验、人际和篇章的认知功能性、语法隐喻的工作机制及名化的选择限制机制等环节，提出名化的认知功能的理论模型。

一是通过针对性地建立服务于本研究的小型语料库，对英语名化的使用状况开展统计分析。数据统计和分析的结果用于支持提出的理论假说，并最终构建名化研究的理论模型。二是以选自法律、科技、期刊、小说和童话故事的语料库为补充，研究名化的分布情况，根据名化在不同文本中的使用频率，为英语名化的文体限制研究提供依据。此外，收集了英语专业学生的写作数据，以验证名化使用频率与语言使用者的熟练程度之间的相关性。

基于上述方法，本研究首先从认知语言学和功能语言学的理论共性出发，寻求两大理论有关名化研究的契合点，构建语言学研究的认知功能模式。其次，以此为基础，着力研究名化的认知功能性、隐喻及选择限制，从而构建研究英语名化的认知功能研究的理论模型。最后，通过对二语学习者的写作语料中名化现象及主流大学英语教材中名化的使用度的描述，验证并完善本课题提出的英语名化的认知功能模型。基本思路如图1-4-1所示：

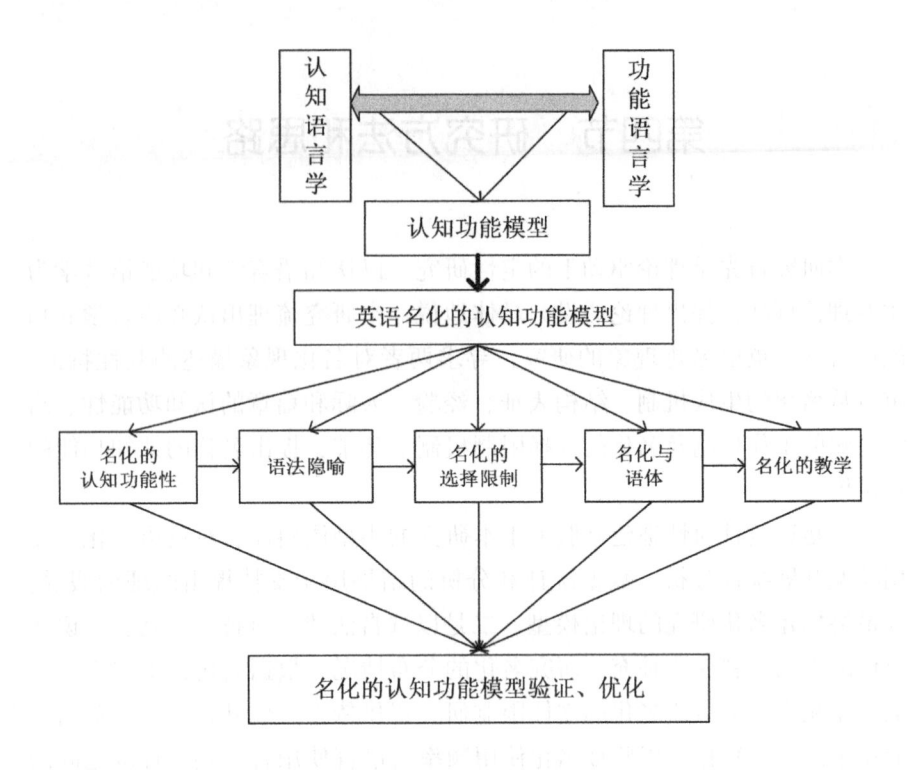

图 1-4-1 英语名化的认知功能模型

第五节 本书架构

  本文共分九章。第一章是对本研究的概述，包括名化的定义和实现、研究的范围和研究的方法。第二章介绍了主流学派对名化的研究，对不同的研究方法进行了介绍和比较，并指出了本文的研究成果和局限性。第三章论述了语言认知功能模型的建立，研究认知观与功能观的关系，探讨二者之间的联系，并以此为基础构建认知功能模型。第四章致力于名化研究的认知功能模型的构建，探讨英语名化现象的认知性功能和功能性认知，用新的视角构建英语名化研究的认知功能模型。第五章从认知功能的角度对名化进行了研究，并对名化在不同元功能中的实现进行了研究。第六章研究名化与语法隐喻。从认知功能视角研究了语法隐喻的整体工作机制，论证了名化是语法隐喻的重要手段。第七章讨论了名化的选择限制，包括结构限制、语境限制和文体限制。第八章围绕名化作为一种强大的社会语言学标记，对各类语篇的意义构建所起的重要作用进行论述。第九章介绍名化的教学，尝试构建认知功能教学法，并将其用于名化的写作等教学中。这也是对本研究的延伸。

第二章 主流学派的英语名化研究

英语名化专题的研究最早出现在1937年 J. 叶斯帕森（J. Jespersen）的分析语法一书中，随后名化现象的研究逐渐受到学者们的关注。随着国内外语言和文化的交流，人们对名化现象的研究也在不断深入。国外各个学派用不同理论对名化现象进行剖析并加以应用，国内学者主要对名化定义发展及从不同角度对名化功能的分析进行探究。由众多学者对这个现象的关注可以看出名化现象是十分值得深入研究的，笔者试图在国内外学派及学者的研究基础上对名化现象进行归纳、总结，并给出名化结构应用的一些建议。

第一节 名化的界定

一、名化的定义

名化有很多定义。人们过去认为名化是把动词或形容词变成名词的过程，比如，我们把 investigate 变成 investigation，把 difficult 变成 difficulty。然而，这一定义是狭义的，因为它没有解释动名词和名词性从句在英语中的作用和地位。

科普捷夫斯卡亚-塔姆从类型学的角度研究名化。她在动作名词结构（ANCs）的框架下，以七十种语言为例，分析了名化类型与其他结构特征的相互作用。她将名化定义为"源于动词（动词性名词）的名词，具有动作或过程的一般意义，能够像非派生名词一样减少或使用介词或后置词，并表现出'合理的'生产力"。(1993: 5) 这一定义揭示了名化的内在结构和生产力，更具功能性。但她将研究范围缩小为ANCs，所以其定义也是不完整的。

麦克阿瑟（1992）给出了一个更具包容性的定义。他认为名化是将非名词性成分转化为名词组的过程。其定义有两个方面的意义：1）从狭义上讲，名化是指由动词或形容词（包括动名词）派生出来的名词，以及由限定性从句转化而成的名化形式。2）从广义上讲，名化是指所有可以充当名词或名词组的成分。它包括名词性从句、不定式、动名词等。这个定义的范围比前一个更广，说明几乎所有的语言元素都可以被名化。然而，他只关注词形或句法形式的变化，而未考虑名化在小句中的功能（或意义）和结构。

Martin（1997）认为名化是一种语法隐喻。Halliday（1994：41）则对名化给出了一个更具包容性和功能性的定义。他把它定义为在一个从句中可以充当名词或名词组的任何一个或一组元素，它包括从句（限定或非限定）、名化形容词或动词等。我们将从这一定义着手，开始对名化进行探索。

二、名化的实现

（一）词汇名化

1. 派生

派生是指在已有的词或词根上加词缀而构成新词的过程。词缀主要有两种类型：前缀和后缀。但在大多数情况下，后缀改变了词性。因此，名化往往涉及后缀化。

通过名词性后缀将一个词名化有多种方法：

（1）名词后缀

名词后缀是加在名词上构成新名词的后缀。这类后缀有-eer、-er、-ess、-ette、-let，它们常加在名词上构成具体名词，表示某一类的人或物，如 profiteer、teenager、priestess、booklet；-age、-dom、-ery（-ry）、-hood、-ism、-ship，常加在名词上构成抽象名词，表示关系、状况、性质或地位，如 percentage、childhood、kingdom、slavery、friendship、modernism。

（2）动词后缀

动词后缀是加在动词上构成名词的后缀。这类后缀包括-ant、-ee、-ent、-er（-or）等，它们加在动词上构成施事名词，如 assistant、employee、 responder、dependent；-age、-al、-ance、-ation（-ition、-tion、-sion、-ion)、-ence、-ment 等加在动词上构成具有行为、结果、过程或情境含义的抽象名词，如 linkage、arrival、attendance、protection、decision、existence、statement。

(3) 形容词后缀

形容词后缀是加在形容词上构成名词的后缀。这类后缀包括-ity、-ness、-th 等，表示状态、质量、条件或程度，如 popularity、productivity、happiness、largeness、width、strength。

2. 转化

转化，又称零派生，是指在不改变词形的情况下由其他词性构成名词。它在名化形式的产生中起着非常重要的作用。

(1) 实词转化

实词，又称信息词，是具有固定词义的词，是句子意义的主要贡献者。名词、动词、形容词和副词是这一范畴的典型代表。有时，它们可以相互转化，而这种转化是相当系统的。

(2) 动词转化成名词

①a I doubt whether he is the right person for the job.

b I have a doubt whether he is the right person for the job.

在例①b 中，doubt 被用作名词，通过充当从句中的宾语来实现参与者的意义。类似的词有 desire、love、taste、want、release、search、walk、retreat 等。

(3) 形容词转化为名词

形容词可以与定冠词 "the" 连用，有时也可以单独使用，表示一类人或事物的整体。例如，

②a The rich should not look down upon the poor.

b Old and young should help each other.

通常，rich、poor、old、young 都被用作形容词。但在这里，它们被用作名词，在从句中充当参与者。然而，在词汇范畴之间的转化过程中，词汇原有的属性意义并没有丢失。相反，它们是以一种隐蔽的方式表达的。许多颜色词如 red、black、white、yellow、green、blue 也有这种用法。

(4) 副词转化为名词

③Life is full of ups and downs.

up 和 down 都是用来表示方向的副词。但在这个例子中，它们充当介

词的宾语，从而传达参与者的意思。同时，它们内在的间接意义也以隐喻的方式传达出来。

（5）结构词转化

结构词包括介词、连词、助词、冠词、代词等。它们本身没有什么语义内容，主要是表示语法关系。有时，它们中的一些可以转化为名词，实现名词的功能和语法意义。然而，这种转化并不是一种系统的转换。具体如下：

第一种是介词转化为名词。

介词有时可用作名词来表示位置、情况或某种关系。例如，

④He had an in with the authorities.

in，其介词意义为"在里面"，在这个例子中作为一个名词，可帮助我们认识到他（he）与当局的密切关系。

第二种是连词转化为名词。

连词有时也可以通过转化成为名词。例如，

⑤There is no but; you must act on my instructions.

but 在这里被用作名词，表示拒绝之意，这是它作为连词的过渡性含义中所隐含的意义。

第三种是助动词转化为名词。

助动词是一个句子中伴随主动词的词，有助于区分语气、语态、体和时态。这一类词包括 can、may、will、must 等情态动词，has、have、be 等体指示词。在某些情况下，有些助动词可能会被名化为名词。例如，

⑥Promptness on the job is a must.

例中助动词 must 转换为名词，表示工作及时的必要性。

（二）短语名化

短语名化是指由非限定动词实现的名化形式：不定式和-ing 分词。

⑦You don't need to be worrying about his safety.

⑧To complete the 30-storied building in one year was quite a difficult task.

⑨ Would you mind my opening the window?

⑩Reading extensively is the most effective way to expand your vocabulary.

在这四个例子中，不定式和-ing 分词在从句中充当名词作主语或宾语。但与由转化或派生得来的名词（与"纯名词"类似）相比，它们在语法上更为复杂：一方面，它们可以把修饰语作为普通名词，就像 my opening the

11

window 中的 my；另一方面，它们还保留了动词的典型特征，即可以带宾语，如 to complete the 30-storied building、opening the window；它们可以用状语来限定，如 in one year、extensively。

因此，这些名化形式更像短语，因此被称为短语名化。

（三）从句名化

如兰盖克（2000）所说，句子名化，是指那些具有从句所有特征的名化形式，它们有主语和／或宾语，以及带有修饰语和限定词的谓语，但其功能与句子中的名词相同，在句子中充当主语、宾语或谓语。在英语中，通过名词性从句来实现。

英语中有四种类型的名词性从句：主语从句，即在句子中充当主语的从句；宾语从句，即在句子中起宾语作用的从句；谓语从句，即在句子中起谓语作用的从句；同位语从句，即对所修饰名词的做进一步解释的从句。例如，

⑪They lost their way in the forest, and what makes matters worse was *that night began to fall.*

⑫Water will continue to be *what it is today*——*next in importance to oxygen.*

⑬They always give the vacant seats to *whoever comes first.*

⑭I have no doubt *that he will overcome all his difficulties.*

以上例中所有斜体的成分都是名词性从句，它们可以充当主语、宾语、谓语或同位语。此外对上述第三个例子进行详细的解释。在这个例子中，我们在介词 to 后面使用的是 whoever 而不是 whomever。有些语言学习者可能对此感到困惑，因为从语法上讲，to 之后的直接语言项应该是宾格形式。这里，to 之后的宾语是名化从句 "whoever comes first"，因为 whoever 在从句中充当主语，所以它是主格形式。

第二节 主流学派名化研究

一、传统语法框架下的名化

传统语法学家对名化的研究在叶斯柏森的《语法哲学》(1924) 中有迹可循。他把具有行为和性质意义的名词视为主谓实体词，并认为主谓实体词包括两个子范畴：动词性，如 arrival、movement 和 change，以及谓词性，如 cleverness、rapidity 和 accuracy。他指出，这些名词构成的结构与相应的限定动词构成的句子在意义上是相等的。例如，

① I saw the doctor's arrival.
　= I saw that the doctor arrived.
② I doubt the doctor's cleverness.
　= I doubt whether the doctor is clever.

还有一种被称为施事名词的词，如 believer、conqueror 和 owner。虽然它们是名词，但它们有动作的涵义。施事名词以所有格的形式出现，如 Ann's lover (the person who loves Ann)，或者在更多情况下，放在介词 of 之前，如 the owner of the house (the person who owns the house)。

叶斯柏森还注意到了名词性文体的作用。他指出用名词比用图形化的动词更精确、更充分地表达思想。当我们用名词来表达通常用限定动词表达的含义时，我们的语言不仅变得更加抽象，而且更加深奥，这主要是因为在动词的实体中，动词的一些赋予生命的元素（时间、情绪、人）消失了。虽然名词性风格因此可能符合哲学的目的，时不时地用深刻智慧的外衣掩饰简单的思想，但它并不适合日常生活使用。

叶斯柏森对名化研究的贡献在于他提出了"组连式"结构。简单地说，就是他提出了以表达动作和性质的词为中心的各种句法结构，并从句法的角度详细解释了这些名词。

夸克等人首先利用通过科学方法收集的各种完整的材料，编写了一本权威的语法书——《英语语法大全》(1985 年)。他们的研究方法不局限于某一个特定的学派，而是充分利用了各个语言学流派的各种观点。鲍林

格（1993：758-759）认为他们的共同研究属于当代传统语法。夸克对名化的贡献在于他注意到名化与其对应的从句结构之间的关系的梯度性。

③ The reviewers criticized his play in a hostile manner.

　a the reviewers' hostile criticizing of his play

　b the reviewers' hostile criticism of his play

　c the reviewers' criticism of his play

　d the reviewers' criticism

　e their criticism

　f the criticism　　　　　　　　　　　　　　——Quirk，1985：1289

这些名词短语从最明显的③a到最不明显的③f顺序排列，每一个短语都可以在"Lanzarotti was disappointed by…"中用作介词补语，充当名词的功能。

因此，夸克认为名化与相应的从句结构之间的关系或多或少是明确的，这取决于名化通过修饰语和限定词对相应从句的名词性或状语成分的规定程度。当抽象或施事名词作为名词短语独立存在时，关系就极其不明确：

　g Criticism is always helpful.

因此，夸克等人探讨了名化与相应的从句结构之间的关系，在一定程度上进一步推动了叶斯柏森对名化的研究。

二、结构语言学框架下的名化

20世纪上半叶，以布隆菲尔德为代表的结构语言学家将行为主义运用到语言学研究中。布隆菲尔德提出了区分词性和语法范畴的标准是语法结构的观点。此外，语法范畴和词性除非进入句法系统，否则不传达任何信息。结构语言学家并没有对名化给出明确的定义，只是采用"直接成分分析"的方法对词性进行分类。名化是由"中心词"和"修饰词"组成的，它们都属于名词性，用于填补语法结构中的空白，只有出现在句法结构中才具有意义。例如：

④a The bomb exploded in the center of the city.
　　　　　S　　　V　　　　A

　b The explosion of the bomb occurred in the center of the city.
　　　　　S　　　　　　　　V　　　　　A

以上两句话意思相同。不同的是，explode 在 a 句中充当谓语，而 ex-plosion 在 b 句中充当主语。结构主义研究者认为"中心词"决定了名化的属性，他们用结构方法分析表层结构，只注重形式而不注重意义，忽视了意义等要素在结构中的作用。因此，他们认为 the doctor's arrival 和 the doctor's house 的结构是一样的，不区分名词结构和其他常见名词。换句话说，他们并没有揭示结构的深层含义。

三、转换生成语法框架下的名化

20 世纪 50 年代，乔姆斯基提出了转换生成语法理论。由于在研究中增加了一条新的规则——转换规则，所以转换生成语法在描述和解释名化结构方面具有一定的优势。有了这条规则，我们就可以从"表层结构"中看到"深层结构"。表层结构是指实际写出来或说出来的句子，而深层结构包含了决定句子含义所需的所有信息。通过一套转换规则，深层结构可以转化为表层结构。如图 2-2-1 所示：

表层结构

转换

深层结构

图 2-2-1　从深层结构到表层结构

转换生成语法学家也对名化表现出了极大的兴趣。他们认为名化转换是一个将句子和名词短语联系起来的句法过程。即名化将句中的深层结构如 the old man collapsed 转换为名词短语 the old man's collapse，而 the old man's collapse 是句子——"The old man's collapse horrified us."的主题。（雅各布，1970：53）这两种结构（原句和名词短语）表达的意思完全相同。在这两种情况下，说话者都知道摔倒的是老人，即老人遭遇到的情况是他（她）摔倒了。

转换生成语法认为，动词短语与其对应的名化、形容词短语与其相应的名化之间存在着结构上的相似性，来看以下示例：

⑤a criticized the book
　b John's criticism of the book

⑥a the desert is dry
  b the desert's dryness

转换生成语法用 X 结构来揭示这种关系。它们都由标志语、中心语和补足语组成。在⑤a 中，criticize 是中心语，the book 是补足语，用来表示时态的 "-d" 是标志语。在⑤b 中，criticism 是中心词，the book 也是补足语，名词短语的标志词是 the and John's。⑤a 和⑤b 的 X 结构如图 2-2-2 所示。

```
a                              b
    V̄                              N̄
   / \                            / \
 Spec  V̄                       Spec  V̄
        / \                           / \
       V   Comp                      V   Comp
       |    △                        |    △
-ed criticize the book         John's criticism the book
```

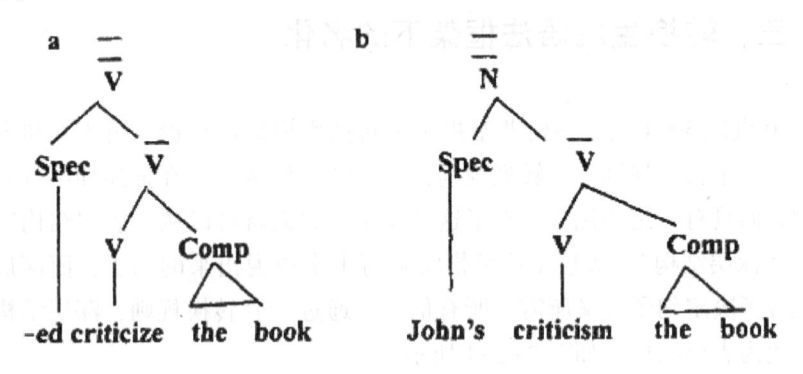

图 2-2-2 ⑤a 和⑤b 的 X 结构

四、系统功能语法框架下的名化

功能语言学家从语法隐喻的角度研究名化。Halliday（1994：352）认为名化是创造语法隐喻的唯一最有力的资源。通过这种方式，过程（一致的动词）和性质（一致的形容词）被隐喻地改写为名词；它们不是作为过程或属性在从句中起作用，而是作为事物在名词组中起作用。

语法隐喻本质上是语义语法关系的转移，或者更具体地说，是通过不同的语法结构以不同的方式解释意义，而一致的形式是"字面上的"，并不是隐喻意义的实现，这是人们理解经验的典型方式。例如：

⑦a The driver drove the bus too fast down the hill, so the brake failed.
  b The driver's overrapid downhill driving of the bus caused brake failure.

⑦a 是一致式，而⑦b 为语法隐喻形成的小句，两个小句通过级转移形成了两个名词组。

Halliday 认为，这种名化隐喻可能首先在科学和技术领域发展，然后进入其他话语领域，它更倾向于成为声望及权力的标志。因此，这种高度隐喻性的话语可以区分一个领域的专家和外行。他还认为名化是区分语言的口语和书面形式的一个标志。在口语中，意思总是由一个接一个的从句来表达；但是书面形式往往通过将前面小句进行名化来减少从句的数量，从而相应地增加词汇密度。

五、认知语言学中的名化

名化也是认知语言学家十分关注的问题，其中的主要代表是美国认知语言学家兰盖克（1987，1991），他提出了三种形式的名化：

(1) 词汇名化——排他性的动词名化，生成新的词汇来表示某个行为或事件的一般术语。

(2) 事实名化——动词与除主语外的其他成分的名化（也称分词或动名词），构成事件的实例。

(3) 句子名化——动词的名化及与之相关的所有要素，包括主语。

在此基础上，兰盖克（1991：22-50）对名化进行了具体的探讨，主要问题有名化转换过程中的意义转移问题、转述问题和模式化问题（也称可预测性）。事实上，这三个问题都是名化最本质的问题。兰盖克希望通过对名化的处理，找到它的基本规律，使人们从根本上掌握这一语言现象。

首先，在名化的过程中，突出方面的差异可能会导致不同的内涵意义：有些强调隐含主语（主体/射体），如 complainer 和 blender；有些强调隐含宾语（背景/界标），如 draftee 和 advisee；有些强调工具，如 rocker 和 walker；有些则突出结果，如 painting、bruise 和 mark；还有些强调背景和位置，如 diner 和 lounge。虽然动作名化和事实名化都是名化的形式，但它们是不同的。动作名化与其他名词的结构平行，而事实名化具有从句的内部结构。动作名化主要强调作为体育活动的事件，在不同的语境中，动作名化的突出方面也有所不同。它们可以突出事件的方式、连续性、质量和真实性，例如：

⑧a Harvey's taunting of the bear was merciless. (manner)

b Harvey's taunting of the bear lasted three hours. (continuity)

c Harvey's taunting of the bear was ill-advised. (quality)

d Harvey's taunting of the bear came as a big surprise. (reality)

事实名化可以理解为一种抽象的分析，主要是为了解释在事实清楚的情况下已经发生的事件。例如：

⑨a I would definitely object to your taunting the bear (should you ever decide to do it).

b The very idea of his taunting a bear is so preposterous that I can't even contemplate it.

至于名化过程中的语言转述，主要的语法标记是 s、of 和 by，它们不仅是语法结构的标志，而且与语义变化有关。例如，of 可以表示内涵主语与内涵宾语的内在联系：首先，内涵主语是内涵宾语的内在组成部分，如 the tip of tongue 和 the back of my hand；其次，内涵宾语定义了内涵主语的物质构成，如 several kinds of coffee；最后，内涵宾语充当关系存在的实体，如 a friend of Mary 和 the mother of the astronaut。从表面上看，the father of the bride 和 the signing of the contract 的结构是相同的，然而，这两个 of 所表示的含义却大不相同：前者强调静态关系的参与者，后者则强调导致 contract 出现的过程。

兰盖克也对名化的规律性或模式发表了自己的看法。在他看来，名化有以下规律：首先，不同的模式有不同的产出率，例如，在名化过程中，-er 的产出程度远远高于-ee 的产出程度；其次，名化的许多语义难以预测，如 elevator 和 grinder；再次，名化具有双重功能，它既描述已有的表达，又允许新表达方式的产生；最后，名化的形态和语义并不总是一致的，一个形态模式可以表达多种语义关系，例如，-er 可以表示动作的主体、工具、位置等。

综上所述，兰盖克认为名化中存在着值得我们去追求的规则。他还分析了一些规定，这相比以往的学派，无疑是一个很大的进步。从某种程度上来说，认知分析可以解释名化在语言形态和句法层面上的差异和制约，有助于揭示语言结构的认知本质。

六、主流语言学派名化研究述评

如上所述，许多语言学家和学者从不同的角度对名化进行了讨论。在传统语法中，语法学家采用了一种填空法作为研究方法。名化被认为是有许多位置的，每个位置都有特定的适当成分，而在结构和生成框架中，语言学家使用另一种方法，即"二元分支技术"。在这种方法中，分析的每个阶段的成分被分成两个部分，直到达到最终的不可分割单元。

但传统语法和结构主义方法与转换生成方法有一个重要区别，前者只有一个层次的结构描述（一个树形图标记），而后者有两种标记：一种是由短语结构规则定义的潜在树形图标记，另一种是表示表层成分结构的派生树形图标记。这些方法更注重结构组成部分的形式，因此他们将"构成部分看作一个抽象、形式化的对象"。（英奇，2000：15）

相比之下，系统功能语法的研究更加系统和深入。它侧重于语言的交际运用。在功能语法中，仅仅给出构成语言结构的规则和原则是不够的；还必须要根据这些规则在语言使用中的作用对它们进行解释（英奇，2000：15）。因此，在名词组中，修饰语因其所起的交际功能而受到不同的句法处理。Halliday还强调，语言的语义结构"使我们能够'思考'我们的经验，也就是说，建设性地解释它"（Halliday, 1994：F44）。Halliday的另一个重要贡献是他区分了意义实现的一致性和不一致性。一致的是，"我们有动词和名词，将经验分析与过程和参与者相匹配"（1994：F44）。这种与经验的一致性可以被语法隐喻的不一致实现过程推翻，通过这种过程可以对范畴进行交叉编码（如一个过程被命名为一个名词组）。（英奇，2000：13）

认知语言学是一种新兴的语言研究方法，20世纪80年代，它在西方国家崭露头角，从90年代开始在中国流行起来。认知语言学，顾名思义，是从认知的角度来观察和研究语言的。通过对语言现象的观察，从多个角度揭示语言的规律，探讨认知与语言的关系，名化的认知研究就是如此。认知语言学家试图制定关于名化的规则，寻找其内在本质问题的答案，并用图式展示其认知机制。不可否认，到目前为止，认知语言学家在名化领域取得了很大的成功。

本书对名化的分析基于功能性和认知性的语言观。它是功能性的，因为它建立在这样一个假设上，即语言系统的性质"与语言所服务的社会和个人需要密切相关"，语言系统被视为是针对语言使用者的特殊需要而起作用的。此外，我们要强调语言系统及其结构是由语言使用者的某种认知能力所决定的，语言系统是人类认知的组成部分。而名化是一个理论挑战，必须将其置于语言系统的整体理论中进行研究。

然而，这两个学派对认知提出了不同的观点。功能学派认为认知不是思考而是表达。心理映射实际上是一个符号映射的过程，认知只是一种表达方式。与功能学派不同的是，认知学派认为认知是参与外部世界的心理表征。功能学派侧重于"意义"的表达方式，强调功能，而认知学派注重"知"的学习过程，强调过程。两种语言学的观点虽然在认知的视角上有所不同，但也有相似之处和联系。例如，两者都是从实践和经验中获得的。本文致力于揭示这两种语言学在表达思想和心理表征的过程中的规律。

名化在系统功能语言学和认知语言学中的研究最多，而且它们的研究更为系统和普遍。但这并不意味着他们对名化的研究是透彻全面的。语言的组织结构具有层次性，具有特定的系统网络结构。名化体现的正是语言系统内层级转移和横组合关系变换的过程。变换的过程源自于功能的需求，通过内部机制转换而发生，表现为浓缩、抽象的语言形式。对上述过程的描述一方面要深入语言内部，从认知角度来研究该结构的生成、转换及句法表征，从而揭示名化现象的实质，解决名化的研究层面、级差转移、原型范畴、规律性等核心问题；另一方面还需要汲取 Halliday 语言研究的多功能系统思想（概念功能、人际功能和语篇功能），探讨英语名化在不同环境下的使用条件和特征。从上述观点出发，构建一个以认知为基础、以功能为导向的认识英语名化认知功能模型。

第三节　结语

由上述研究可见，国内对名化的研究各有侧重，但又都囿于各自的研究框架或理论范式。本研究从跨领域视角出发，克服认知和功能研究的离散性，寻求认知语言学和功能语言学研究英语名化现象的契合点，真正实现名化研究的认知功能性。同时，本研究尝试构建一个重新审视英语名化现象的认知功能模型，揭示名化的外在功能和内在规律的相关性，丰富了名化的研究模式。本研究所建模型融合了名化形成的心理机制和社会特征，有效拓展了二语习得理论的认知心理语言学和社会语言学研究视角，对英语名化的教与学具有较强的指导意义。

第三章 语言研究的认知功能模式

语言学研究历经多个流派,这些流派的研究范围和取向也不尽相同。随着现代语言学与其他学科之间的互动加强,基于在世界融合大背景之下对于语言的互动性研究成果的借鉴,以及语言学研究历史发展过程演变,当前语言学研究主要表现为基于"转换生成语言学"和"功能主义语言学"理论基础的展开和深入研究。现代语言学理论的研究工作就是在这两大语言学研究学派分支的博弈之中不断进行细化的过程,目前国内现代语言学研究领域应用最为广泛和讨论最为热烈的两大理论学派——"认知语言学"和"系统功能语言学",即是在批判乔姆斯基的"转换生成语言学"过程中衍生出的语言研究模式。

因此,实践中对于"认知语言学"和"系统功能语言学"的讨论,也就无法忽视两者在反对"转换生成语言学"过程中对隶属于"功能主义语言学"共性问题的关注。在本章讨论中,笔者以"认知语言学"和"系统功能语言学"这两种理论的生成基础为背景,在寻找两大语言研究模式共性的基础之上,对这两类语言研究模式同源却又自成体系的"功能主义语言学"研究派别合作的可能性进行探讨,讨论构建出可行的语言研究综合模式——认知功能语言研究模式,从而为当下语言学的研究提供新的研究思路,拓宽研究领域,促进语言学研究全面化的新进展。

第一节 认知语言学概述

一、理论发展

在2000多年的发展历史中，西方语言学主要经历了"传统语文学、历史比较、结构主义、转换生成、（系统）功能、认知"等六个阶段（刘润清，1995；Robins，1997；王寅，2007）。认知语言学虽发展较晚，但作为新兴的语言学研究范式，它在理论与实践方面都取得了诸多成果，成了当代语言学界的"显学"。

认知语言学起源于20世纪70年代末、80年代初。1989年春，随着第一届国际认知语言学研讨会的召开、"国际认知语言学会"的成立和《认知语言学》杂志的创刊，认知语言学这一研究范式得以正式确立。随后，各国相继建立认知语言学会，对其研究不断深入，认知语言学的国际影响力也日趋增加。杰拉茨将认知语言学的发展分为三个阶段，1975—1985年是萌芽阶段。其中最为显著的研究是Lakoff和M.约翰逊（M.Johnson）合著的《我们赖以生存的隐喻》，该论著对日后的隐喻研究发挥了不可磨灭的作用。1986—1995年是成熟阶段，认知语言学独立学派地位得以确立。在该阶段，很多基石性著作相继出版，如Lakoff的《女人、火与危险事物》、Taylor的《语言范畴化：语言学理论中的原型》等。1996—2006年是稳步发展阶段，Talmy的两卷巨作《试论认知语义学》使得认知语义学系统化。该阶段最为重要的发展是认知语言学研究迅速扩展，认知语言学会在世界各地相继建立。

认知语言学建立在新的哲学观和认知观基础上，以人们对世界的经验和对世界进行感知和概念化的方法来研究语言（赵艳芳，2000），是对先前哲学体系的革命。认知语言学研究最初从语言入手，逐步发现人类思维也具有隐喻性，继而形成了别具一格的体验主义哲学理论体系。所谓的体验就是指由人的身体构造及与外部世界互动的基本感觉——运动经验和在此基础上形成的有意义的范畴结构和意象图式（赵艳芳，2001）。从经验现实主义视角来看，人类感知外部世界的过程就是思维形成的过程，它受到外部环境的影响，并和人类身体密切关联。当人类感知外部世界的时候，他们对所感知的事物进行分类和范畴化从而形成思维。这种哲学基础在本质上是唯心主义，认为人类无法获得客观知识和真理，一切知识来源于体验性、想象性的心智。基于这种体验哲学观，认知语言学以身体经验和认知为出发点，以概念结构和意义研究为中心，着力寻求语言背后的认知方式，并通过认知方式和知识结构等对语言做出统一的解释（王寅，2002）。而当时的西方传统哲学在本质上是唯物主义，认为心智、理性都不以人的意志为转移，能客观认识实在。体验哲学无疑是对客观主义哲学的西方传统哲学的挑战。

生成学派若是对描写学派的一次革命，认知语言学则是对索绪尔、乔姆斯基语言学革命的一场革命。索绪尔仅仅关注语言本身，认为语言具有先验性、系统性、分析性和任意性，切断了语言与社会、人的联系。随后，乔姆斯基发动了针对结构主义的革命，深入批判结构主义。但这并非是一场颠覆性革命，他创立的转换生成语言学只是将语言学研究从描写主义推进到探究语言本源。他认为人天生具有"普遍语法"，语言具有天赋性、形式性、生成性、转换性、自治性、模块性。而认知语言学则完全打破了语言的羁绊，与索绪尔、乔姆斯基的形式主义语言学对立，它从"人本性"角度开展研究，摆脱了基于逻辑实证论的分析哲学框架，抛弃了远离人文性的科学主义和形式化，消解了索绪尔和乔姆斯基的内指论（王寅，2021）。认知语言学认为语言不是天赋的，而是认知的主要部分；语言认识不具备模块化特征，语言是关于语义的，语法知识来源于语言使用，要将语言的形式、语用、意义整合；对于语言、句法的解释要坚持人本观，不能仅作形式化解释。

二、理论内容

（一）原型范畴

范畴是认知语言学的基本观点，也是人类认识世界的基本认知方式。它指人们在互相体验的基础上对客观事物普遍本质进行的概括。有关范畴的研究可分为经典范畴理论阶段和原型范畴理论阶段。

经典范畴理论阶段大致为从亚里士多德到维特根斯坦的 2000 多年。亚里士多德在《范畴篇》中将范畴界定为为经验设定的法则、规律，认为它是有共同特征的事物的合集，由一组充分必要特征定义。各范畴间边界明确，从而导致了范畴的二分性，即或有或无，非此即彼，不存在一个事物同属多个范畴的情况。范畴中成员地位平等，没有中心、边缘之分。该理论在 20 世纪对诸多研究起着指导性作用，如句法学、语义学等都建立在经典范畴理论的基础上。但随着研究的深入，研究者发现部分事物难以进行非此即彼的二元分类，因为大部分范畴不具有二分性，而是建立在原型之上，它们具有家族相似性和边界模糊性等特征（王寅，2006），经典范畴理论的解释力由此遭到了质疑。

维特根斯坦首先发现了古典范畴理论的缺陷，他发现有些范畴不符合经典范畴模式，成员间没有共同特征，相似的只是多元化的方式，故他提出"家族相似性"的概念，他认为范畴中成员未必有共同点且有中心、非中心之分，范畴间也没有明确的界限，范畴也随着新事物的出现而不断扩大。随后，罗丝在家族相似性理论的基础之上通过色彩实验提出了原型范畴理论。原型成为范畴中最具代表性的个体，并由此成为衡量客体与有关范畴的标尺，打破了以往的二元论。此外，原型范畴理论还体现了同一范畴层次上范畴内部的结构特点。不同范畴层次的地位不同，分为基本层次范畴和上位范畴，基本层次范畴地位更高，与其他成员共享更多属性，在认知、语言上都更为显著。

Lakoff 又进一步发展了原型范畴理论，他于 1987 年在《女人，火，危险事物——范畴揭示了思维的什么奥妙》中提出了理想认知模型（ICM）。理想化认知模型是特定文化背景中说话人对某领域中的经验和知识所做出的抽象、统一、理想化的理解，是建立在许多的认知模型上的一种复杂、整合的完型结构，具有格式塔性质（Lakoff，1987）。该模型强调个体主观认知的重要作用并被应用到语义范畴，进一步发展了隐喻、意向图式等认知理论，大大促进了认知语言学的发展。

（二）概念隐喻

对隐喻的研究可追溯到古希腊。亚里士多德是隐喻理论的先驱，他认为隐喻只存在于语言的词汇之中，与逻辑思维等人类认知活动无关，是词语之间的替换，是可有可无的，其作只是增加语言表达力而已，其基础是"规范意义论"（束定芳，2008）。这一理论对学界产生了长远的影响，直到 20 世纪 30 年代，Richards（1936）提出了隐喻的互相作用这一概念。他认为当我们使用隐喻时，有两种关于不同事物的思想在共同起作用，并且这两种思想是由一个单独的语词或短语所支撑的，隐喻的意义就是两种思想相互作用的结果。隐喻的认知功能由此奠定，人们逐步开始关注隐喻的认知功能。1980 年，Lakoff 和 Johnson 合著了《我们赖以生存的隐喻》，首次从认知的角度提出了概念隐喻理论。他们将隐喻的本质特征高度概括为认知性，认为隐喻不仅体现于我们使用的语言，而且贯穿于我们的思维和行为，并且无处不在。隐喻也不是凭空产生的，其作用是基于人类的具身体验将已知信息与未知信息连接或把抽象概念具体化以加深理解。这反映了我们认识世界是从具体、有形的概念域来认识抽象、无形的概念域，以此建立不同概念系统的关系。由此，隐喻究其本质而言就是从始源域向目标域的映射过程。

Lakoff 和 Johnson 认为我们有一个隐喻概念体系，这个系统是我们认知、言语、思维的基础。它基于对人与外部世界的互动的认识将隐喻大致分为三类，主要为方位隐喻、本体隐喻和结构隐喻。当然，这三种概念隐喻在认知过程中并非相互独立，而是相互重合交叉。方位隐喻参照空间方位组建，常以个体的具身经验、行为习惯为依据产生。如上下、前后、中心边缘等都来自我们对空间的交互作用。人们将这些具体的概念投射于社会结构、情绪、思维方式等抽象概念，形成了诸如地位尊崇为上，地位卑微为下；高兴为上，悲伤为下；理性化为上，情绪化为下的隐喻意义。本体隐喻用实体来理解人们的经验，通过对抽象概念进行量化、范畴化来进行意义构建。在本体隐喻中，情感、状态、思想等抽象模糊的概念常被看作有形实体，特别是人体本身。实体隐喻最典型的是容器隐喻，即将抽象概念视为容器。例如："We're out of trouble" 将麻烦视为容器；"How did you get into teaching as a profession" 将教学活动视为容器。如同方位隐喻以空间方位的经验让人们建构概念，本体隐喻借助对物体的经验构建概念。但相较空间隐喻，本体隐喻更灵活，它不受空间位置的限制，能生成更丰富的隐喻。结构隐喻指以一种概念的结构来构建另一种概念结构，并使适用于一种概念的词语适用于另一概念。结构隐喻根植于我们的文化和经验，如"劳动是资源"，物质生产需要劳动，劳动会带来经济效益，由此劳动便成为一种生活资源。相对于方位隐喻和本体隐喻，结构隐喻表达更为丰富，所表达的涵义更为复杂，它通过阐明一个结构复杂的概念来突显概念的某些特征。

（三）图形——背景

图形——背景理论首先由丹麦心理学家 J. 鲁宾（J. Rubin）提出，后被完形心理学纳入了空间组织更为全面的框架中。L. 塔尔米（L. Talmy）首先将该理论引入了语言学，用于认知语义学研究。他提出"图形"是一个移动的或在概念中可移动的物体，其路径、位置或方向被视为一个可变量，其特殊值是相对值。而"背景"是一个相对于一个参照框架的静止的参照物，图形的路径、位置、方向是相对于背景而言的（Talmy, 2000）。这就是说图形较为动态、完整，遵循一定路径，而背景相对静态、固定，不易突显，图形的感知和突显需要一个背景作为参照点。

图形——背景理论主要运用突显原则和注意原则，体现了信息组织的人本认知原则。突显原则指人们在观察事物时具有选择性，会聚焦于部分信息而压抑另一部分信息。由于这种焦点差异，个体对相同认知对象会产生截然不同的感知效果。且在多数情况下，人们无法既聚焦图形又关注背景，这就产生了图形——背景分离。而图形和背景又具有互动性，可以重新组合，从而构成一种新型图形——背景关系。同一环境下的图形在另一环境下可能会变成背景，而背景会转变为图形。因此，一个语篇在认知上就可能包含了由于图形和背景变换而组成的多种不同层次的时空关系（Reuven, 1983）。正如著名的脸/花瓶实验及 Langacker 的无标记句式 SVO 研究一样。究竟是以脸为背景突显花瓶，还是以花瓶为背景突显脸，这主要依据个体的主观意愿而定，而个体的参照点选择差异会产生不同的图形背景关系。

此外，"前景化"是图形背景的又一重要概念，广泛应用于文学语篇分析。前景化本是绘画艺术领域的创作原理，是指突出画面中某些特定人或物，使其与周围人或物构成的背景相区别。随后，这个概念被引入文体学、文学、句法研究。人们将所观察的事物或事件分为前景、后景和背景。前景即图形，是感知中突显的部分，是个体关注的焦点；后景隐含在前景、背景后面，是一种知识框架体系或潜在的文化语境；背景为事物的认知参照点。这种图形背景区分的认知原则能系统解释语言的多样性，使得对小句的分析不再囿于单一的语法结构，而是根据对突显部分的认知进行感知。

（四）发展前景

经过 40 多年的发展，认知语言学研究在纵向、横向两个维度上不断拓展和深化，并与其他学科进行了融合。认知语言学研究最初主要围绕隐喻、概念整合、转喻、范畴化、意向图式、原型理论、构式语法等展开。

与语料库语言学、系统功能语言学、二语习得、翻译、语用学等不同学科都有一定交叉。前期研究主要以理论建构为主,而近期研究明显体现了语言的社会转向,专注语言的文化、社会因素和实证转向。Geeraerts（2005）提出探讨语言的文化和方语变异是认知语言学的重要部分。语言的认知解释机制必须符合语言作为社会交际符号工具的事实（Geeraerts，2016）。Croft（2009）倡导社会认知语言学,他强调语言是合作行为,认为大脑对于语言的认知加工应该与一般的社会认知能力结合,进而探讨言者和听者基于使用的语言知识与社会互动之间的体系与机制。社会转向将社会、文化、交际等因素纳入研究视野,话语、社会、认知之间的研究也日益繁荣,突显了认知语言学在理论建构方面的深化。而实证转向主要是在研究方法方面的革新,在研究语言时多渠道汇聚证据。认知语言学早期研究多采用内省法,随着研究的不断深入,研究更倾向于采用量化分析法,诸如语料库、心理实验、脑神经科学、眼动实验等研究方法出现在认知语言学研究中。这不但有助于检验一个理论假设是否具有心理实在性,还能检验其是否具有神经实在性（束定芳,2013）。这些在一定程度上预示着未来研究方法将更加多元化,研究范围将不断扩大,在教学、语言习得、翻译、语篇分析等方面的研究也将不断深入,实现理论科学落地。

第二节　系统功能语言学概述

Halliday 的系统功能语言学理论承袭了前辈所开创的道路,它不仅将欧洲的语言传统保留了下来,也同样从美国的语言学传统中汲取灵感。Halliday 的语言本质观及其对语言系统与语篇、语域和功能的深入探索,使其在语言理论与应用领域成果颇丰。Halliday 的系统功能语言学从社会学角度着手建构理论,深刻影响着世界语言体系,在语言学领域独树一帜,始终代表着卓越的理论范畴。较之于传统语法和结构语法,系统功能语法统一了语言的形式和意义,具有完备的理论自洽性和指导意义。

对于系统功能语言学与其他语言学理论的异同可通过分析 Halliday 其人、理论背景、理论架构、Halliday 对语言性质的描述、系统功能语法的研究任务、理论的先进性和局限性及其未来发展脉络等方面予以阐释。

一、人物生平

Halliday 教授是当代英国语言学和系统功能语言学的创始人，系统功能语言学被认为是世界两大语言学流派之一。Halliday 在获得硕士学位后返回英国，跟随剑桥大学的弗斯教授继续学习语言学。获得博士学位后，他曾在剑桥大学、布朗大学等世界一流高校执教，主要从事语言学教学和研究方面的工作，并发表《语言功能探索》等重量级学术论文。Halliday 高中毕业就进入了培训班系统地学习汉语，并凭借极其出色的文化成绩，如愿获得了在印度海关工作的机会。之后因故调离岗位，回到位于伦敦的培训班担任中文教师。他凭借出众的语言天赋进入伦敦大学攻读中国语言文学学士学位，随后进入北京大学中文系深造，师从罗常培，重点研究古汉语和文学。此后 Halliday 的学术兴趣发生转变，意欲进行现代汉语研究，经罗常培推荐转入岭南大学中文系跟随王力教授从事研究活动。Halliday 教授在移居澳大利亚后积极筹建悉尼大学语言学系并担任系主任。在此期间，他的大量的学术著作相继问世，如《功能语法导论》《语言的系统和功能》等。此时，系统功能语言学和生成语言学已经完全形成了一种分庭抗礼的状态。Halliday 于 1983 年访问北京，并与他的老师王力重聚。

二、理论背景

1. 王力观点对 Halliday 的学术影响

Halliday 于 1948 年至 1950 年期间在中国学习，师从王力先生。其学术观点中的语言观、研究方法、衔接理论和语法范畴等方面深受王力先生影响。毋庸置疑的是，在功能、意义和句法等方面，王力先生对 Halliday 的影响是巨大的，双方都认为意义是语法分析的前提，并贯穿语言研究始终。在此基础上，Halliday 整合传统语法和功能学派语境理论等诸多学派观点，开创了系统功能语言学体系。由文献研究可见，Halliday 系统功能语言学的基本思想与王力先生的诸多观点不谋而合。Halliday 的作品多发表于 20 世纪六七十年代，而王力先生的力作《中国现代语法》和《中国语法理论》出版于 20 世纪四十年代，可见双方学术观点的传承与发展的关系，体现出两者学术思想的联系十分密切。

2. 马林诺夫斯基观点对其学术影响

马林诺夫斯基是人类学功能学派的创始人，特别关注言语运用的情景语境。

他使用情景语境来探讨语义，认为话语应该放在生活情境中去理解，提出将理解话语的任务放到真正的语境中加以把握，语言的意义就是正在发生的人物活动的直接表达。"情景语境"对 Halliday 产生了重要影响，因而系统功能语言学比其他语言学更重视社会语境的影响，也为语言进一步的研究开辟了新视野。

3. 弗斯观点对其学术影响

弗斯的语言学思想深刻影响着 Halliday 的基本学术构想。弗斯将语言项目在使用中的功能，即语言意义摆在了非常重要的位置，他认为产出语言的社会语境具有同样重要的地位。弗斯对伦敦经济学院人类学教授马林诺夫斯基的语言研究进行深入挖掘，因而弗斯的语言观深受马林诺夫斯基语言研究成果的影响。弗斯的追求是建立一种基于"情景语境"的语言学理论。然而弗斯本人并没有建构出这样的理论，他的构想后来成了 Halliday 研究中的一部分。

首先，弗斯认为分析话语的意义是语言的归宿，话语的意义应该与话语发生的语境息息相关。衍生的意义植根于发生的环境中。其次，弗斯将"结构"与"系统"的关系条分缕析地厘定清楚。结构具体指的是句子的内部结构，弗斯认为聚合的意义体现在这种结构里，因此他的学生后期将这种聚合定义为某种"系统"。最后，弗斯认为任何语言习惯归根结底都是在"做"，语言探讨的是事件本身的意义，因此不能离开社会去谈语言。Halliday 的任务之一是将弗斯的学术观点建成完整的具有自身合理性的理论体系，从而解释"语言的实质"和"语言的工作机理"。Halliday 继承并极大地发展了弗斯的理论。他对语言与语言发生的社会环境是密不可分的观点持肯定态度，重新对"系统"的概念加以定义，一套科学合理的语言理论体系从而得以完整构建。

三、理论概述

（一）语言性质

语言是社会性符号，是人的交际活动中不可或缺的环节，也是社会成员能够相互交流的前提保障，深受传统文化、使用环境等因素的影响。人是具有社会属性的社会成员，而语言交际是人与人之间的活动，因此，语言交际是一种社会行为。系统功能语言学始终坚持把语言的社会性摆在极为重要的位置来展开研究。Halliday 围绕语言的社会性对系统功能语言学加以定义，称之为研究"机体之间"关系的语言学。

Halliday 在研究语言的掌握时，也提出了"语言发展"理论，其用意就是在强调语言的社会性的同时，强调语言能力的后天性。在系统功能语言学家看来，语言作为一种社会符号，是整个符号系统中存在的极具研究意义的子系统，从系统功能语言学家的视角看来，语言是意义的潜能和来源，是各种语义系统集聚而成的庞杂系统，运用语言的能力是后天不断发展完善形成的。

与结构主义语言学相对，Halliday 等人认为，语言学家不该囿于凭空想象的所谓理想的语言结构，而是应该投入精力研究人类真正使用的语言，Halliday 所说的真正的语言既包括书面语，也包括日常用语，既包括符合语法规则的语言现象，也包括不符合语法规则但具有语言普适性的一般语言现象。

（二）研究任务

语言学家的研究任务是找出语言使用的原则或倾向。对于倾向或原则的解释，就是最一般的但可以有特例的语言运用模式。不管多么资深的语言学家都不可能完全解决所有和语言相关的问题，每个语言学家都会根据自身对语言性质的看法确定相关的研究任务，也就是这类任务的确定是研究者围绕对语言性质的主观理解展开的。Halliday 在语言是社会符号的观念上与索绪尔保持了高度的一致性，但他反对把语言学研究严格封闭在语言的框架之内。他明确指出，语言学家应该同时研究语言和言语这两个模块。他选择放弃使用索绪尔提出的"语言"和"言语"概念，而是另辟蹊径选用"能做"和"做"作为其理论支撑。"能做"对应的是"语义潜势"，这种潜势为人类能够使用语言交际创造出无数种可能性。而"做"则是指根据语言交际的需要对语义系统所做的选择，是对这些可能性加以甄别后所做出的具象选择。

此外，Halliday 提出语言并非独立存在的空中楼阁，语境在很大程度上影响着语义的产生和语义的认知度，语言学家急需在语境因素和语义表达之间找到相互关联的落脚点。语言学家不仅要注意语言的各种变体，了解其各自的特性，还要研究各种语言变体之间在意义上的区别。因此可以看出，语言的变异性自然成了系统功能语言学的研究对象，随之而来的研究任务一定是着眼于对这种变异特性的挖掘，深究其运作原则或倾向，这种特性原本就是因在不同的情景中使用而逐渐显现出来的。具体而言，根本性的问题在于语言为什么会有这般多样的结构，结构的变化除了受到一定的语言规则约束之外，还有哪些尚未发现的因素在其中扮演着重要的角色。

（三）系统语法

系统语言学把语言本身看作是由多个子系统组成的庞杂的符号系统。这些符号是一套系统化的意义潜势，而非简单的一组记号。它以客观全面的立场对语言系统的构成方式、运行模式进行描写，探讨人怎样运用语言来表达内心的所思所想。从具体操作层面来说，系统语言学对语言的探索，首先是厘定范围，在语言、功能和情境的行为框架（系统）中对语言交际做出诠释，以及对语言、功能和情境三大系统及其子系统分别进行详细描述。

Halliday 对系统语法的研究是从"阶和范畴"过渡到"系统"阶段的，其过渡的标志是连锁轴和选择轴两大概念的出现。连锁轴指的是构成完整句子的各个单位，如文字、音位、语法和词汇。选择轴呈现出的则是这些单位的比较关系，因此语言单位的意义也随之体现。假定选择轴上的概念是深层意义，相对的连锁轴代表的就是表面意义。同时，Halliday 将语法分析的量度定义为"阶"，按照层次的不同将其分为级阶、幂阶和精密度阶。遣词造句遵从级阶首位的原则，形成各种语素的规律排列，而后过渡到幂阶，把抽象的语法概念整合起来，最后将结构和类别两大范畴纳入句中考虑。

（四）功能语法

Halliday 从 20 世纪 70 年代开始关注儿童语言的发育状态。他颇有见地地提出，母语只是儿童所接触到的第一个完整全面、层次分明的系统，并非为人们所认知的第一语言，儿童的第一语言是原语言，它只包含了内容层和表达层两层，而不是成人语言意义上的三层语言，它的每个符号与上述两层相匹配。成人语言作为一个三层语言体系，在表达层和内容层之间还有一个词汇和语法层，它是以纯抽象层的方式出现的。从功能的角度

31

看，在意义和声音之间存在一个措辞层。成人的日常表达实际上就是儿童逐渐显露出来的语言功能的一种延展。成人的语言功能同时具备三种元功能：表达经验意义的"经验功能"（experimental function）或"概念功能"（ideational function），建立和维护语言使用者交流关系的"人际功能"（interpersonal function）和构造语义连贯的"语篇功能"（textual function）。

概念功能是指人们用语言来讨论对世界的真实体验，凭借语言再现身边产生的事件和情景。人际功能描述的是用语言影响他人的观念、行为的能力，或是用语言作为交际手段，与他人建立并保持特定关系的能力，同时也包括说话人凭借语言维护自身立场，表达认识世界、改变世界的构想等，以建立和维护自己的思想。语篇功能是指人们在运用语言的过程中呈现各类信息的关系、有效组织信息的能力。此外，它还有在信息的传送与信息施动者之间架设桥梁的效用。

不同的功能通过不同的系统来实现。首先，语气系统用来实现人际功能。语言的基本功能是通过交流建立人际关系，交际者通过选择不同的话语功能和其他选择系统来各自定位、编码及表达态度，进而达到建立和协调某种人际关系的目的（Christie & Unsworth, 2000）。语气有多种，如陈述语气、疑问语气、祈使语气等。除了语气之外，功能语言学还把在完全同意和完全反对中的各个节点分成经常性、义务性、或然性等，其与语气互动才能实现表达人际意义的目的。

其次，及物性系统包含三个要素，即事物、实践和环境所涉及的要素，在功能语法将它们称之为参与者（participant）、过程（process）和环境（circumstance）。其中"过程"最重要，其又可细化为物质过程（material process）、关系过程（relational process）、心理过程（mental process）、言语过程（verbal process）、行为过程（behavioral process）和存在过程（existential process）。

最后，各系统实现语篇功能，使得人际意义和经验意义融合成为连贯统一体。系统功能语法对句子或小句的划分是以阶层（rank）来体现的，即小句（clause）、词组（phrase）、单词（word）和词素（morpheme），一个小句包含一个动词。语言的语篇功能主要通过小句成分的排序得以实现。功能语法将放在句首的部分称为主位（theme），其他部分称为述位（rheme）。主位通常指信息的起始点，是小句的开始点，所包含的信息通常是已知的；而述位在主位之后，通常是新信息（刘熠，2004：221）。在语篇中，可以通过不同的位置摆放，实现语篇与语境系统的一致及连贯。

同时，Halliday 主张引入社会学的研究方法并将其与语言学进行深度融合，开辟性地对"语域"的概念做出诠释。语域包含语场、语旨及语式，语场代表语言现象出现的场域，语旨代表语言的含义和基本要素，而语式则包含交际方式和交际量化的概念，Halliday 所提出的概念功能、交际功能和语篇功能恰如其分地对应这三者的基本意义。

（五）评价理论

语言评价系统包括态度、介入和级差三个系统（Martin, 2000; Martin & Rose, 2003; Martin & White, 2005; 王振华, 2001）。态度系统是评价系统的核心，研究内容为语言中表达情感反应、行为及价值判断的语言资源。评价理论对态度的研究较之其他研究感情的理论更为宽泛和全面。介入与言据性（evidentiality）较为接近，关注的是态度来源及语篇中不同声音的作用。

态度是人的心理反应的情感外现，涉及感情、伦理、美学三个领域。对于同一事物会因为态度不同而产生不同的情感反应。对应不同的领域，态度系统包括三个子系统：判断系统、情感系统和鉴赏系统。情感系统作为解释语言现象的资源，用来解释语言使用者对行为、文本/过程及现象做出的感情反应。判断系统作为解释语言现象的资源，用来解释语言使用者按照伦理/道德（规章制度）对于人或其行为做出的评判，分为社会认可（social esteem）和社会制裁（social sanction）。社会认可与社会制裁均有正负两面含义，正面的社会认可令人羡慕，负面的社会认可应受到批评。正面的社会制裁值得表扬，负面的社会制裁应受到谴责。鉴赏系统作为解释语言现象的资源，用来解释语言使用者对文本/过程及现象美学品格的欣赏，可分为反应（reaction）、构成（composition）与价值（valuation）三个子系统，即我们对于事物的反应、事物的构成及事物的价值。

介入系统是关于主体间定位的研究。它关注的是作者如何在语篇中通过投射、情态、极性、让步、评注型状语等语言资源来建构自己的价值立场，应对这一立场可能引起的潜在反应。表达主体间立场的语言资源包括拒称（disclaim）、宣称（proclaim）、容纳（entertain）和归源（attribute）等。根据是否涉及其他态度与观点，介入系统分为自言（monogloss）和借言（heterogloss）。自言又分为事实陈述（assertion）和假定（presumption）；借言分为对话性扩展（dialogic expansion）和对话性压缩（dialogic contraction）两个范畴。对话性扩展表现为开启与其他定位的对话空间，对话性压缩则是对其他态度的压制。

级差系统通过两个度量维度来运作：1）语势系统。它通过强度或数量来提升或降低态度资源的评价程度。2）聚焦系统。通过典型性和精确度来使范畴界限清晰化或模糊化。在语势系统中，有两个子系统：度系统（intensification）与量系统（quantity）。度系统中的评价价值有两种运作对象，即品质与过程和三种运作方式，即重复、融合（程度修饰成分与品质或过程融合为一个词）和独立修饰；量系统是对数量（number）、度量（mass）与范围（extent）进行不精确的估算的语义资源，范围包括时间和空间，可以从距离与跨度两个方面进行衡量。

系统功能语言学把语言资源作为语言使用者共享的意义潜势，认为语篇是语言系统的实例化。不同语篇对于语言资源的选择取决于社会语境和语篇语境（Halliday & Matthiessen, 1999）。功能语言学将不同的语篇语境构型系统称之为"语域"。某一语域对于语言资源的选择具有一定的倾向性，我们可以把"语域"理解为次于语言系统的低一级的意义潜势。Halliday把从这种语言系统到某一语域再到具体的语篇这一连续体称为"实例化渐变体"（cline of instantiation）。评价理论发展了这一观点，认为具体语篇不应该是意义潜势实例化的终端，只有通过读者或者听众的解读语篇意义才能最终实现。Martin把意义的实例化从具体语篇延伸到了既定语境下的读者（Martin & Rose, 2003; Martin & White, 2005）。基于这一前提，Martin建立了评价资源的"实例化渐变体"。评价系统（appraisal system）用于语言系统操作层面，实例化的评价分析可用于具体语篇。对于读者的解读，我们可以应用评价理论有关阅读立场和读者反映的相关理论进行分析。评价理论将对于某一语域内语篇的评价分析定义为基调（key），将对于介于语域与具体语篇之间的语篇类型的评价分析定义为语篇姿态（stance）。对于读者反映，评价理论首先分为两种类型：个体读者和群体读者。语篇的解读与读者身份相关，包括读者的性别、年龄、社会阶层、民族以及能力。读者的阅读立场分为三种：策略阅读、顺从阅读和逆反阅读。策略阅读是指为自己的社会目的而进行阅读而不是顺从于语篇本身的目的，如我们为翻译语篇而进行语言学或文学分析时所进行的阅读；顺从阅读则是顺从于语篇中反映出的作者意图的阅读；逆反阅读则与顺从阅读相反，读者立场与语篇给定立场相对立。

（六）发展前景

挖掘语言的本质，仅从语言内部探索是远远不够的，因此深入研究社会各层面是找到本质的必经之路,这是站在新的理论高度上看待语言的方式。语言传播是社会持续发展的重要一环,因此实践的第一步必然是扎根于社会学研究。从语言理论层面来看,语言探索也着重强调对语义的理解和把握。系统功能语言学遵从理论与实践并重的原则,将语言能力和语言使用看作是同一问题的两个方面进行系统分析,基于以上的理解研究者可以清晰地认识到各种语言现象,如词汇学与语音学和语义学的关联、语言与社会情境的关联等。这样一来,研究者在充分理解语言本质的同时,还可以将语言的研究方法用于指导语言实践、促进语言运用,甚至可以在整合后进行跨学科的研究。语言既可以是一种心理现象,也能被称作一种社会现象。作为社会交流的媒介,它是与人类的认知和思维高度贴合的,因此对语言的研究可以从社会学角度进行,即从人与人的关系方面着手,也可以从心理学的角度进行,即从有机体内部的角度切入。两种描述方法可以相互补充、互相照应,对开展语言研究还是有较为积极的意义的。

系统功能语言学的局限性包括以下几点:首先,该理论所涉及的语言知识繁杂,需要解释的理论点过多导致其显得宽度有余而深度不足,随之而来的理论弊病在微观层面上显露无遗,导致理论本体漏洞多、多种理论间兼容性不强;其次,Halliday对语言学中存在的可变因素没有进行严格控制,对语言子系统的认知有待提高;再次,系统语言学理论对实践的指导不足,以致无法给出清晰的原则和使用方法来指导语言的运用;最后,该理论虽强调语言与社会学的密切联系,但没有阐明两者之间的关联程度,对于其与语义和文化因素之间的关联也没给出清楚的解释。总之,系统功能语言学分析问题的角度不够多,造成微观上的分析漏洞频出,研究不全面、不彻底。但Halliday的理论涉猎相当广泛,他在建构主体理论框架上投入大量的精力,因此在对某些具象的理论范畴进行讨论时,难免存在流于表面、研究不彻底的问题。此外,Halliday提出的理论模式在描写语言内部运作规律和动态过程时欠缺有力的理论支撑,对说话者怎样恰如其分地选用语词来表情达意依旧存在解释困难的情况。

基于上述研究,Halliday系统功能语言学未来的发展前景可大体概括为以下几点:(1)对语言和语义、文化因素的关联给出有力解释,重点突破语域、语言变体理论。

(2)克服理论研究深度不足的问题,重点研究词汇和语法、语义学和音系学等语言学重点领域。

(3)积极与人工智能、计算机科学、语言技术等高科技领域挂钩,实现系统功能语言学理论与高新技术的无缝衔接,再次为理论发展赋能。

(4)继续挖掘系统功能语言学理论指导实践的可能性,促进不同学科与该理论的深度融合,争取在儿童语言发育、翻译理论与多语协作等领域取得进展。

(5)推动系统功能语言学理论与教育教学相结合,使系统功能语言学理论以参考性语法的角色参与教学活动,不断扩充语料,从而完善理论。

Halliday 的系统功能语言学在世界语言学系统内有着深刻的社会影响,在语言学界一直代表着更为先进的理论范畴,相对于传统语法和结构语法,系统功能语法将语言的形式和功能相结合,有其自身的合理性和现实意义。但是,该理论也存在需要完善之处。因此,在未来的研究中,在教育新文科的学科背景和"新文科,大外语"方针的指导下,学者更需要秉承前人思想,加强学科融合,守正创新、不落窠臼,进一步推动该理论的研究。

第三节 功能语言学和认知语言学的异同

功能语言学和认知语言学是我国目前外语界的两个主要学派,它们都有各自的理论基础,从不同的角度对语言的认知因素进行研究和探讨。在这两个学派中,功能派的理论核心强调认知是对事物表面的看法,而不是对事物进行分析的过程,而认知只是一种说话的方式。与功能派理论不同的是,认知派重点强调认知对有关表面特征的心理反映及其与语言的关系。但也可看出,功能语言学和认知语言学具有一个重要的相同点,就是都是通过图示的方式表达基本语言理论,用这种图示的方式可以形象的对本学派的自身理论重点进行表达。通过对两种学派的研究方向、侧重点,以及对本学派理论的表达方式等方面的对比,就可以对两种学派对认知的研究的同异有一个非常明确的认识。笔者通过对比发现,这两种语言学派对语言研究的基本方向是相同的,而在对语言认知问题的解决方式上,却有着各自的见解,在有些问题上更是完全相悖的。这两种学派对于语言认知的研究目的和出发点是相似的,而在处理语言认知中出现的问题上却有着不同视角及处理方式。

一、研究的目标

从认知学研究的整体对象来看,虽然功能语言学和认知语言学都清晰地表达了各自的理论,但是两种语言学派的理论基础还是存在一些基本相同的观点。两个学派的中心理论都以表征经验为基础,通常使用相同的术语(如"construal"这一术语,功能语言学翻译将其为"识解",认知语言学将其翻译为"构建")来表述人类相关经验的语言特征及规律,主要通过具体的语言实践来对抽象的认知规律进行分析总结。Halliday 通过研究得出以下结论:语言是本我对语言的认知及人与人之间对语言传递后的认知相结合后产生的。Lee 却认为,语言是由人类社会对事务表达的一种习惯性编码方式组成的,是经验性思考的表达形式。Lee 的这一观点说明,认知语言学派与功能语言学派对于语言认知的研究的出发点都是对语言编码的认知,得两种学派理论形成了明显的理论互补。

功能语言学对语言的研究方法是想要通过研究语言的认知,从中找出语言概念性的规律,最终通过语言例句的方式进行阐述。Halliday 和 C. 马蒂森(C. Matthiessen)认为,本我对语言的认知概念是我们对事务内心的理解和经验。语言是将我们对事务的经验和理解解释成表义的现象,然后将这些表义的单位逐步地分割成多个成分和等级,最终组成的语义类型的结构。从以 Halliday 和 Matthiessen 的经验为基础总结出的整体模型可以看出:从人类认知规律的总体层面来看,根据人类经验所构成理论基础的准确度是逐步形成的。首先,基本模型层级包括系统中的各方面经验,逐渐分为各种准确度的潜势。这一层级属于最为抽象和本质的认知层面。其次,基本域潜势层级包括语篇中的经验,可再细分为多种不同的语篇潜势。这一层级属于综合发展的认知层面,与上一层面相比,它把抽象化的理论具体化了。最后,个体及事件层级包括语篇中的经验本质,具有十分多样的体现方式。这一层面通过具体语言实例来表达经验认知思想。

认知语言学的主要研究方向是通过对语言认知的研究来对语言的结构和概念性的语言特征进行研究。Langacker 认为,语言的含义和语言的发音是人们对语言认知的重要组成部分,语言的含义和发音是通过文字、符号的形式关联在一起的。通过 Langacker 的研究结论我们可以看出,他是如何通过语言、语义及文字的形式将心理经验构建成为话语结构及语言表征的。也就是说心理经验的语言表征由语音系统、语义系统和符号系统共同组成，其中，符号系统对将语音系统和语义系统的连接。语言的实际使用可以分为以下两个步骤，首先是以语法引导语义编码作为语言规则，进而对概念结构的实例进行完善；其次是确定结构引导音位编码，从而达到目标表达语音化的实现。在整体语言操作过程中，符号空间是连接语义空间和音位空间的桥梁。

通过以上的简单对比我们可以很明显地看到，认知语言学和功能语言学这两种学派在语言认知研究上的研究目的与取得的研究成果基本是一致的，这在两个方面上表现得尤为突出，一方面是研究语言认知的目的都是想要通过语言来了解人类是怎样认识世界的；另一方面是都研究在人类的语言中有哪些特征是普遍存在的。

语言对人类社会的知识发展功不可没，功能语言学派认为它是通过人类语言使用经验逐渐总结得出的。Martin等人认为语言是把经验当作变化量进行认识理解，并将其表现特征分为过程、过程的参与者和伴随环境等结构。认知派则认为认知方式和语言的表现形式存在内在的关联。Dirven和Verspoor指出，语言的功能不仅包括使我们进行日常的交际活动，还包括使我们通过某种方法来认识世界。

二、识解的过程

上述简单比较表明，功能语言学和认知语言学在处理认知目标方面的观点基本一致，主要反映在两个方面。一是认知研究，旨在揭示语言如何反映人类知识的世界；二是在名化过程中，人类语言经验表征存在哪些共同特征。

在讨论识解对人类语言知识的作用时，功能语言学坚持认为语言的语义表达过程既是总结的过程，也是经验累积的过程。Martin等（1997）指出，该语言将经验流作为变量来解释，并将它们描述为过程、过程的参与者、环境和其他一些结构性要素。认知语言学认为认知方式和语言语体之间存在内在联系。Dirven和Verspoor（2007）提出语言领域不仅使我们能够交流，还为我们提供了一些了解世界的方式。

针对人类经验语言表征的特点，功能理论强调其通过语义层、词汇层和语法层及语音层相互作用。Martin（1992）认为语言反映的问题和社会环境密不可分。以上三层的语言特点可以具体描述为，言语和写作是语法和词汇的反映，语法和词汇是语篇和语义的体现。言语和写作是表达层，而词汇语法和语篇语义是内容层。鉴于此，表达层只是反映的组织实体，而内容层则是身体的重要识解。

认知理论着重研究语义结构、符号联系和语音结构之间的有机联系。Langacker（2008）指出，正如对语言的基本规律进行分类一样，词汇通过声音序列将意义联系起来，以刻画人类简洁的共同经验语义结构和语音结构，而这些结构是通过符号相互联系的。

具有词义地位的概念不仅具有明显的文字和文化特征，而且具有自然特征和心理特征。因此，人类的体验是不同结构的符号之间互相作用的产物，而意义则是心理与文化的融合。

三、研究的视角

视角是认识事物空间概念的方式，主要和看待事物的角度有关，并且存在以自我为中心（egocentric）和以其他为中心（allocentric）的点。就认知的切入点而言，如何选择认知视角是焦点问题，也是研究语言认知因素问题的切入点。Gee（1996）指出，如果我们没有采用任何的观点，语法将不允许我们说话或写字。因此，无论语言理论是什么样的，在研究语言现象时，都应采用与切入点视角相似的方法。功能观的认知研究主要与语言经验的外在表现有关。认知理论的认知研究侧重于语言内在思维的表征。因此，功能学派侧重于语言的语义表征研究，强调语言的语义作用（意义）。认知学派强调语言的思维研究，侧重于语言的认知作用（认识）。两种语言学派在视角研究上的差异主要来自以下三个方面。

（一）结构建模

在语言建模中，功能语言学和认知语言学有着不同的观点。

Halliday 和 Matthiessen 指出，语义知识的模型是由语言构建的。换句话说，知识是从词汇语法的事物中进行识解的序列。我们不是通过认知过程来解释语言，而是通过语言过程来解释认知。从这个意义上来看，语言维度的基本作用是经验建构。这种观点表明，从语言创造和知识体现的角度来看，功能语言学与认知研究有关。Halliday 和 Mathiessen 在这里探讨语言维度的基本要素。其中，人类经验是通过语言符号构建的，建构过程分为实体、实体类型和亚潜能。根据语言的层次，语言要素可以分为语义、词汇和语法、语音和言语，它们接触到各种语境，词汇语法则为各个语言层次提供了驱动，反映出真正的潜能。语言元功能（概念功能、人际功能、语篇功能）与语境结构（语言领域、语旨和语体）的有机结合，使人类表达各种意义成为可能。（图 3-3-1）

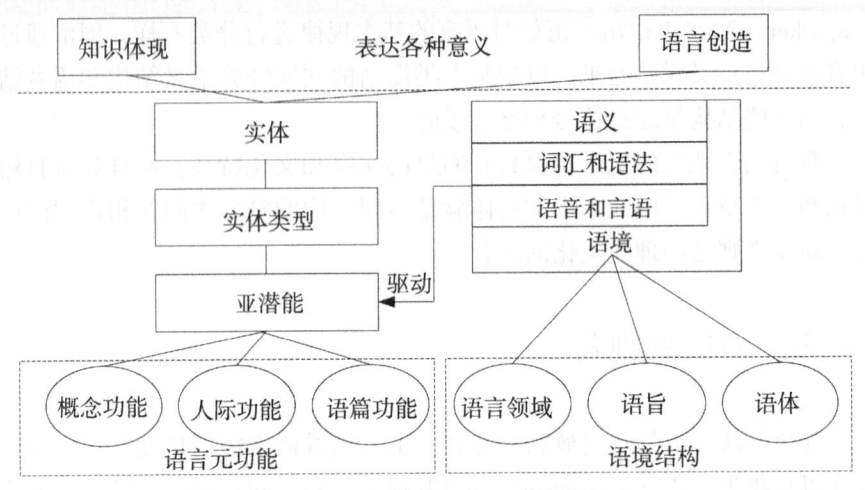

图 3-3-1　功能视角的结构建模

Fauconnier 说，在话语某一特定阶段的建构中，其中一个心理空间是系统的基础，这可能是同一心理空间在另一个系统的焦点。构建的下一个阶段将与基本空间或焦点空间相关。用这种方法建立的心理空间的内部结构是框架和认知模型，其外部通过连接点连接，不仅使空间与抽象成分相连，而且使其与更抽象的结构连接。

从这不难看出，Fauconnier 的语言思想是基于心理空间的核心，而话语的建构则是空间与空间之间的各种联系。Fauconnier 在这里展示了语言思维的过程维度。基本空间是起点，话语结构是当下空间的外延。语篇信息贯穿在结构空间中，并且随着空间的转移而改变视角和焦点。无论如何，基本空间始终是话语建构的起点。话语概念的建构更多地反映了人类的思想。由于概念化是以人为中心的，所以只要有可能，我们习惯于描述和理解人以外的事物。因此，人体为空间方位的表达提供了最重要的方式。（图 3-3-2）

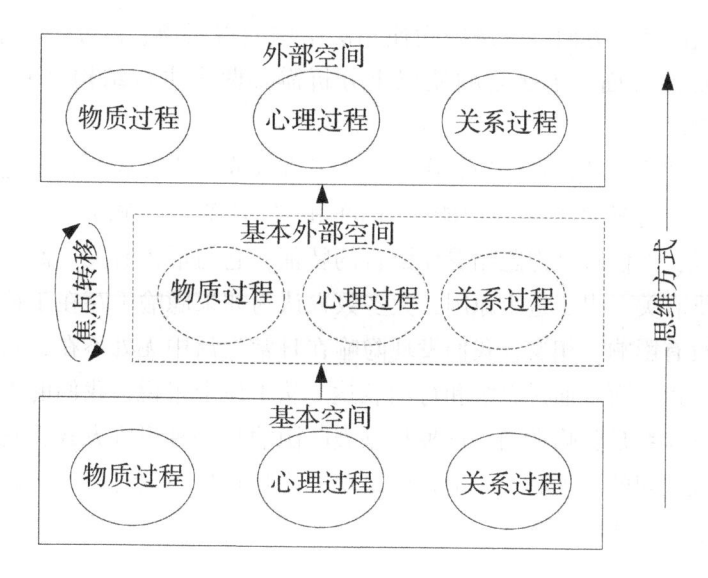

图 3-3-2 认知观的模型构建

（二）内容的隐喻

对于内容的隐喻，功能学派和认知学派有着不同的观点。

功能语言学侧重语义隐喻，而认知语言学侧重词汇隐喻。功能派观点认为隐喻意义的延伸是语言技能的精确延伸。具体来说，隐喻分为词汇隐喻和语法隐喻，语法隐喻是功能派关注的重点。认知理论认为隐喻是一种思维方式，是心理空间的语言表征。具体来说，隐喻是思维方式的语言符号化体现，词汇隐喻是认知学派的重点。

功能视角首先把隐喻看作是语言系统的延伸，然后研究隐喻在词汇和语法上的表征过程。Halliday 和 Matthiessen（1999）指出，从系统的角度来看，隐喻会导致意义潜势的扩展。通过创造新的结构表达形式，隐喻的意义开辟了一个新的领域，并给扩展意义的潜势增加了压力。但实际上意义潜势是在隐喻意义模式的发展之后产生的。这个观点表明，语法隐喻的主要作用是为了扩展语言系统，并集中于深层的语义潜势。这与语言的基本结构形成了鲜明的对比，后者是语言核心的一个复杂延伸。Halliday 和 Matthiessen 还探讨了如何实现语法隐喻。语义内容是由图形及其成分按顺序构成的，这反映在词汇句法上是由小句构成的关系，小句又被进一步降级为短语，直至词。不难看出在功能派概念中，语法隐喻是降低语法水平的过程。换句话说，语法隐喻是将多个语法结构变成单个语法结构的过程。在人际功能方面，语法隐喻使句法结构变得紧凑、清晰、易于理解；在语篇功能方面，语法隐喻使双重分析需要两个主位结构（Thompson，1996：170）。

认知理论一开始将隐喻看作一种思考方式或行为方式，并在此基础上探讨了隐喻与转喻的认知功能。Lakoff 和 M. 约翰逊（M. Johnson）指出，一般来说，人们只是把隐喻看作语言的特征，它与话语有关，而不是与行动和思维有关。出于这个原因，大多数人认为如果隐喻不存在于他们生活中，就没有影响。相反，我们发现隐喻在日常生活中无处不在，它不仅通过语言表达，而且通过思维和行动表达。从本质上来说，我们的思维和行为的概念体系是隐喻性的。这种观点表明隐喻是一种思维方式，它提供了认知领域之间的心理联系。语言中出现的隐喻现象不仅是语言的特征，也是语言思维方式的凝聚。

（三）认知的方式

在认知方式上，功能学派和认知学派的视角不同。

Halliday 和 Matthiessen（1999）指出，当我们开始讨论语法功能时，语言会呈现出不同的面貌，即从如何创造和表达语言意义的角度来关注认知研究和语言的影响。功能观把语法功能和词汇功能融为一体，而认知观把语法功能和词汇功能看作是单独的术语。功能主义者关注语篇层，而认知学者关注词汇层。

功能理论学者主张从具体的句法驱动到抽象的语义系统的研究，认知理论学者主张从抽象思维方式到具体的语义表征的研究。因此，功能学派将词汇和语法结合在一起，关注认知上的相似性，强调文本分析，并从语言实例中寻找思维规律。换句话说，使用语言的行为就是表达语言意义的过程。根据这种观点，语法是研究如何使用语气、重音和词来构建语言意义的学科（Bloor, T & Bloor, M. 1995：1）。认知学派将词汇和语法分开，注重语言在理解中的个性特征，强调概念化研究，并从思维的理论解释中寻找规律。因此，语法理论不仅可以提供语言的结构表征模型，而且可以提供一种连接话语结构的组织模型，这可能存在于说话者的心理（Croft & Cruse, 2004：257）。

Martin 和 D. 罗斯（D. Rose）指出，在系统功能语言学中，语篇分析与社会分析和句法分析联系在一起，是语法学家与社会学家之间的学习。这在一定程度上与我们观察事物的尺度有关；文本比小句大，但小于文化。语法学家对小句的类型和构成有特殊的兴趣。然而,文本通常只是一个简单的句子。因此,话语分析者比语法学家考虑得更多。Martin 和 Rose 讨论了社会活动、词汇和语法之间的关系及它们间的相互表达。显然,社会活动有文化因素,词汇有文本因素,语法有语篇因素。社会活动、词汇和语法是语言现象的不同方面,具有不同的抽象级别:社会活动比词汇更抽象,词汇比语法更抽象。语法反映语篇,词汇反映社会活动。语言系统的研究是语言实践的过程。因此,语言系统的研究在语言使用的框架内受到限制(Dik,1978:5)。

功能语言学首先认为隐喻是各种语言系统的延伸,然后再说明其在词汇语法方面的表现形式。Halliday 和 Matthiessen 都曾提出,从系统角度分析,隐喻可在意义潜势上进行延伸:通过新的结构表现形式不断被创造,隐喻使得新的意义的系统域不断被开拓,并且在扩展意义潜势方面施加压力,而事实上意义潜势则是在意义隐喻模式发展之后才开始的。

其次,从认知研究方式的角度考虑,功能语言学和认知语言学采取了不同的研究视角。Halliday 和 Matthiessen 提出,在我们开始研究语法功能的同时,不同语境下的语言会表现出不同的表象。也就是说,从语言创造和表达意义的方式立场出发研究认知学对语言研究工作造成的影响。功能语言学把词汇和语法结合在一起,认知语言学将词汇和语法分开来考虑;功能语言学重点关注语篇层次,认知语言学关注的则是词句层面。

功能学理论注重对从具体的语法驱动到抽象的语义系统进行研究,认知语言学则注重对从抽象的思维方式到具体的语义表征进行分析研究。这样一来,功能语言学把词汇和语法结合在一起,注重语言的认知共性,强调对语篇进行分析研究,并且从实际语言中寻求思维方式的规律。也可以说,在人们使用语言的同时语言行为就是表征含义。如此说来,语法也就是研究用词、音调和重音等方面的语言形式,并由其来构建意义的学科。认知语言学则将词汇和语法分开来考虑,其研究重点为认知的语言性能,强调概念层面的研究,并且从理论基础上寻求思维规律。由此可见,语法理论不仅能够为话语结构的表征模式提供基础,而且还能为组织话语结构之间的关联模式服务,这些因素可能存在于说话人的心理层面。

功能语言学派和认知语言学派关于认知方面研究的相同点和不同点表明了当代语言理论的基本走势情况。从两种学派认知研究方面的相同点来分析,两种语言学派的研究的基本出发点基本一致。两种理论都侧重于从语言自身现象上寻求思维方式,最终把语言表征、人类经验和行为的原本规律表达出来。从认知研究的不同角度来考虑，两个语言学派在语言研究的基本方法和策略上还有着比较大的差异。就基本方法来说，功能语言学侧重于化整为零的自上而下的方式，而自上而下的方法基本以形状和功能的统一性为基础。认知语言学则侧重于集零为整的自下而上的方式，而自下而上的策略要先找出词的意义和句法再将其合成句义。就基本方式而论，功能语言学注重对语言外在表意功能的研究，而认知语言学注重对语言内在思维方式的研究。选取认知视角作为切入点来研究功能学派和认知学派在语言研究上的相同点和不同处，目的是为了弄清两个学派在语言研究内核问题上的融合及区别，更好地吸取两个学派语言理论的长处，进而建构理论中立的语言研究方法。

（四）认知语言学和功能语言学的交叉点

尽管认知语言学和功能语言学已经明确了自身不同的目标，但是它们在核心理论和本质语言学上仍存在相同的观点。这两个学派的核心内容都集中在经验的传递上。如它们都用"识解"（construal）这个词来解释人类经验的表达规律，它们也都坚持从语言实践中掌握抽象规律。Halliday（1978：10）指出，观察语言的角度不仅可以是生物的内部，也可以是生物之间。生物的内部指的是认知的心理，而生物之间的意思则是来自世界或社会。他认为更为重要的是两种路径的结合。Lee（2001：27）认为，人们对于现实场景的识解方式会受到生活中日常经验极端程度的影响。Lee的观点表明，认知语言学和功能语言学在认知研究目标和认知识解功能方面，存在明显的理论差异。

功能语言学和认知语言学都侧重于研究语言中的认知元素。然而，这两个学派提出了对认知的类似或不同的解释。根据图3-3-3，可以更清晰地看到这两种语言学理论对于认知的解释。

如图3-3-3所示，两种语言学的相似性有着相同的来源，即都是从实践和经验中获得的，而研究视角则分别是内在心理和外在世界。尽管在认知研究中，差异以明显不同的视角和识解方式存在。以上对于它们的相似性与差异的分析有利于吸取它们的语言学理论的优点从而构建一种理论中立的语言学方法。

语言是语言使用者对主客观世界的认知与反映。在认知过程中，人们将经验分为过程、参与者和环境。事物与思想构成概念的范围，而语言符号将其概念化。就认知方式来说，动词或形容词名化是它们概念化的结果

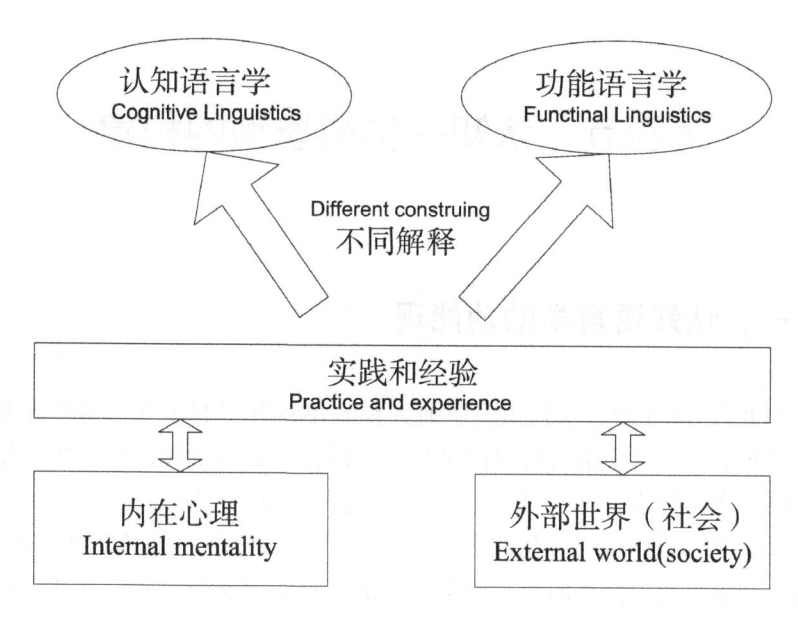

图 3-3-3　认知语言学和功能语言学的联系

(Verplanck, 1996)。在认知语法的框架中，词汇与语法之间没有原则上的区别，它们都构成了符号结构的连续体。符号单位则被看作提供表达概念化的手段。也就是说，语义结构被定义为"符合语言惯例的规范的"概念化（Langanker, 1987: 99）。

Halliday（1994: 30-36）从功能语言学的角度，提出三种主体，即心理主体、语法主体和逻辑主体，并解释它们如何及为何不同。它们分别起着主位、主体和行为者的功能，因而 Halliday 将三大类分成三个元功能，即语篇功能、人际功能和概念功能。这三个功能可能会一起实现，但是在很多情况下，语法隐喻会通过名化来实现。Halliday 也注意到了这个现象，并探讨了概念隐喻和名化。他说："名化是创造语法隐喻的最有力的资源，通过这种方式，过程和属性都被隐喻地改写为名词，它们不再是在从句中充当过程或属性，而在名词词组中充当事物。"

总之，认知主义者和功能主义者都将名化看作一种解释经验世界的有效方法，但是前者是将它看作概念化的结果，而后者是将它看作语法隐喻。

第四节　认知—功能模型的构建

一、认知语言学的功能观

20世纪70年代，认知语言学研究模式出现并引起了人们的兴趣和关注。认知语言学对于语言的讨论是在一个语言动态范围化的假设中开始和展开的。在认知语言学的研究起点上，语言的运用和语言功能的实现不在于语言本身，而在于语言使用者对于客观世界一切事务的具体感知过程，通过这种主观认识活动的参与而实现其语言功能意义的过程。在认知语言学看来，语言的构建和运作过程的各个方面，包括语法的产生和使用，都是在作为语言主体的人主观认识和感知基础之上展开的，是主观的人运用固有的认识活动和认识思维在对客观世界的认识过程中反映出来的语言结构模式。这种对于语言研究的全新思维模式和主观能动的展示方式在20世纪80年代中期之后被广泛讨论并应用于语言学研究的词汇、句法、语篇等各个层面，可以说研究涉及的范围非常广泛。在这种强调主观认识的语言学研究思路下，语言各种含义的表达和组合的排列选择，包括语法的可接受度都是语言适用的结果，对于基础语言的学习、理解和掌握也必须在语言的适用过程中才能得以真正地实现。

认知语言学的产生动因明确了其作为"功能主义语言学"的一个分支的地位，认知语言学是在反动"转换生成语言学"的过程中产生的一种关注语义的语言分析和研究模式。其产生的前提含蓄地说明了认知语言学研究本身就涵盖了对于语言功能初始性的关注，这也是我们探讨认知语言观与功能主义语言观相结合的最主要切入点之一。通过分析认知语言学的研究目标、研究方法，探讨其在语言研究应用中的具体表现，我们可以详细地展示认知语言学所包含的功能观。

认知语言学强调作为语言主体的人的认知活动在动态语言中的关键性意义，因此，语言在本质上就是在主观人认知世界的过程中充当着一种媒介的作用。认知语言学对于语言概念知识的把握主要就是在主观人的认知活动和语言系统之间的联系上进一步展开的，它实际上是一个探求人类对于世界认知对象的语言表达共性的过程。它把具体应用的语言看作是一种符号化的表达,是主体人自身对于客观世界的认知活动过程和这种语言化的抽象符号表达过程的规律性探索。

以认识语言观中的心理空间理论为例,心理空间理论强调人们在进行日常语言交流时已经存在或者尝试建立一个"域"(domain),这个域就是其所谓的心理空间。这个心理空间包含角色、策略、关系和成分,这就类似于认知语言学中讨论的内部环境。主观的人作为语言表达者首先要依据自己的认识来构建联系,创建一个心理空间,从而运用空间类构建词来完成语言的具体表达,例如,"In that book, Lily loved Lucy.",在这样的句子中,说话人通过介词"in"建立了一个认识的空间:首先,它本身就是具有语言定位功能的展示,且体现了认识活动与外化语言的联系过程就是语言功能的人类主观化的结论,即我们理解 Lily 对于 Lucy 的 love 首先是存在于一个大的前提情景之下的,这个情景就是介词短语引发的空间,即"In that book",离开了这个空间,关于"Lily loved Lucy"的结论便是不存在或不成立的。也就是说,我们不能主张 Lily 在任何情况下都"love Lucy",这就是强调语言的动态定位空间的功能意识。因此,此种认知语言观对于人类的认知活动与语言符号的互动性的讨论,将语言概念、语法结构及词汇、语篇等与主观人的认知活动相关联,这就是对于认知的语言在语言意义的固定功能和具体语言表达意义上的具体阐述。这种语言共性的意义化研究实质上就是认知语言学功能观的一种体现。

二、功能语言学的认知观

相较于认知语言学属于"功能主义语言学"大理论之下的功能观,以及其本身服务于大语言功能的设计思路,对系统功能语言模式的认知观的讨论和研究就显得更加具有挖掘性。

"系统功能语言学"几乎与"认知语言学"出现在同一时期,与认知语言学百家争鸣的理论争辩局面相比,系统功能语言学的学术主张呈现出核心化和主干性的趋势,理论内部的分支较少,主要观点趋于一致。Halliday 作为系统功能语言学的开创者和领袖人物,其关于系统功能语言学研究的主张大都具有典型性和代表性。在 Halliday 看来,功能语言学的研究首先是在社会这样一个具体大环境之下展开的,语言这一现象是在社会大系统或者被称为总系统之下的一个子系统。与认知语言学强调语言的动态性主张相比，Halliday 首先主张并明确定义了系统功能语言学的基本观念——语言本身其实是一种社会行为（social act），系统功能语言学对于语言本身的定性也就归于社会学这样一个总的系统之中进行。因此，以 Halliday 为首的语言学家对于系统功能语言学的分析和解读更多地加入了社会学研究的视角和思路，从而更好地理解其所强调的语言作为社会行为的归属，并在研究语言的各项组成要素时更多地对于其社会属性进行倾向性分析。

　　从 Halliday 及系统功能语言学来看，语言对于人类世界影响力发挥的前提首先是社会对于人类语言的决定性作用。在不同的社会阶段、不同的社会环境中，甚至在同一社会大背景之下，作为每个社会小单位的说话者个人、社会身份背景对于其表达语言的选择都有着十分重要的影响，也就是说，语言主体的社会环境和社会关系决定着其对于社会行为的语言系统所做出的不同选择。说话者个人对于语言的选择是由其自身的社会角色所决定的，是在自身所代表的社会地位和背景中对于语言的选择。因此，语言实际使用者通过在语言系统中进行词汇、句式、语法、语篇的选择实现语义的表达，这也正是系统功能语言学研究的关键问题。事实上，理解和讨论这种选择本身就包含有认识观的问题。

　　关于上述系统功能语言学的这一研究层面，也有学者将其称之为系统功能语言学研究中的认知因素。系统功能语言学中的认知因素主要是认知表义而不是思维含义。在系统功能语言学看来，说话者的心理映像是语言作为一种客观社会行为的符号化固定映射结果，认知本身不是思维的主观活动，而是说话者对于自己身份的认识，因此主要体现为语言系统的选择主张。简单地说，系统功能语言学中强调的说话者的认知能力是对于说话者所处的社会身份的认识，是对于自身客观定性的主观认识，而客观的社会身份决定着其语言的适用和选择。

　　在对于具体语言抽象规律的探讨研究中，认知语言学的认知研究更加明显，但功能语言学对此也有所涉及，这也是认知观在功能语言学中的表现。Halliday 在主张阐述中也一并指出语言实践本身与功能语言观讨论语言的社会化属性相互契合。但对于语言的研究，不仅要关注生物体之内，更要关注生物体之间的关系。Halliday 的主张一方面指出并强调了功能语言学观点对于生物体之间语言视角的关注，即对于社会大环境、外部环境的关注。这也是系统功能语言学与认知语言学的重要区分点之一，即系统功能语言学关注的是社会系统"外在"环境的强大作用力，而认知语言学则主要聚焦于语言主体"内在化"的思维认知能力。但是，从另一方面来看，Halliday 在强调对于物体间外部环境关注的同时，并没有否定物体之间内部因素的作用，虽然是将其放在相对次要的研究视角上，但也体现了系统功能语言观对于语言认知层面的一种认可，这也是功能语言观在研究视角上相较于认知语言观所体现出的对于认知因素的次要关注。某种程度上，认知语言学观点相对偏向于对于物体内因的关注，而系统功能语言学具有关注物体内因与物体间关系双重视角但又有所侧重，表现出了更加全面的理论方向。

三、认知观和功能观的焦点

功能语言学是为认知研究寻求概念功能的语言样本。Halliday 和 Matthiessen（1999：11）指出概念语义资源对我们内在心理和外在世界的体验具有解释力。概念化是名化的核心，在表达概念化的过程中，经验现象被构造成语义单元，这些单元可以分成不同层次和等级，由语义网络组成。语义单位被构造成中间层功能结构。Halliday 和 Matthiessen 提出的经验结构的一般模型表明，从人类认知的一般层面来看，经验按精确性逐级结构化。首先，系统经验在基本模型层次上，可以推导出各种精度潜势。这个层次是认知的最抽象和最基础的模块。其次，语篇经验是在基本区域的潜在层次上进行的，它可以被推导成不同种类的语篇潜势。这个层次是综合与发展的认知模块，与上个层次相比得到了进一步的表现。最后，文本经验的实体是个体和事件层面的，它们具有不同的大小和语体。这个层次是经验认知的特定语言实验。（图 3-4-1）

文本经验 entity of textual experience 第三级 Level three	多功能应用 multifunctional application
语篇体验 textual experience 第二级 Level two	构成意义 encode meaning
系统体验 system experience 第一级 Level one	基于使用的特征 usage-based character

图 3-4-1　认知功能的三层结构

认知功能模型最显著的特征也可以解释为，基于使用的特征（第一级）；语法结构作为构成意义的自然符号单位的观点（第二级）；对结构的多功能分析（第三级）。

认知语言学侧重于通过认知研究探讨概念结构的语言表征。Langacker（1987：76）提出语义空间和音素空间是人类认知组织的两个方面，而符号是语义空间和音素空间的结构联系，无论这个联系是否构成一个语法单位或被看作该语言中的特定使用示例。Langacker还演示了心理体验如何通过语义空间、语音空间和符号空间来构建语言表征和语篇结构。心理体验的表征由语义空间、符号空间和音素空间组成，其中符号空间是语义空间和音素空间的连接。

在语言术语的具体操作中，第一部分是对作为语言的句法规则和规约的语义识解操作，从而完成实例概念结构的表达。第二部分是对语音识解结构的界定，进而实现语音表达。在语言操作的整个过程中，符号空间可以看作是音素空间和语义空间之间的桥梁。

四、认知功能模式

语言学的研究发展到20世纪，已经从最初对于语言形式和结构这种外在客观成分和现象的关注，转向了更加具有深度和更加复杂的语义层面。语言研究从形式主义向语义主义的转变已经得到了当时语言研究的各个学派的一致赞同，各个学派也都开始在语义的共同研究和关注之上寻找与本学派理论分支密切相关的切入点。其中，对于语义研究最为推崇并把语义的地位提升到核心领域的，当属大"功能主义语言学"之下的"系统功能语言学"和"认知语言学"。"认知语言学"和"系统功能语言学"都是在20世纪下半叶才开始出现的理论派别，两大理论学派以语义为核心研究对象，在对语言本质的讨论上，也极其一致和统一地把焦点放在功能之上。只不过，"系统功能语言学"和"认知语言学"在"大功能"观的框架之下，各自具体的研究方法、研究侧重、研究出发点和研究范围及对于语言结构和功能的侧重仍旧有明显的区分，这就是它们同是功能主义的研究思路却被看作分别存在的两种语言研究派别的原因。

（一）认知功能的接口

首先，运用找接口的方法进行理论的契合。所谓接口，一般指的是两个理论交融点，从两个理论研究的共通性出发，例如，在第一部分的理论介绍中我们就已经强调，两大理论派别的研究并不是绝对对立的，在功能语言学的研究中也蕴含对认知因素的把握，而作为大的功能主义语言学分支的认知语言学也关注功能观。根据 Halliday 的语言学观点，其把语言分为三个层次，即语义层、词汇语法层和语音层，这三个层次并不是孤立存在的，而是展现彼此之间与意义相关的关系。其也展现出语义系统与语言系统之间的密切联系，即客观世界—社会意义—语言符号的假设模式。而认知语言学则是在此假设之下，加入了认知的作用，即客观世界—认知—意义—语言符号。通过这两种假设模型（图3-4-2），我们可以找到两者的理论切入点，实现关于认知功能模式的理论探讨。

$$\left.\begin{array}{l}客观世界——社会意义——语言符号\\客观世界——认知—意义——语言符号\end{array}\right\}$$

图 3-4-2　客观世界—认知—意义—语言符号模型

通过图示可看出两者在对于客观世界的载体和作为最后表达的语言符号的表述是统一的。只是两者对于客观实际的把握略有不同，这也和两种模式中间阶段的认知过程密切相关。因此，在对于认知功能模式的构建中，笔者借鉴程琪龙教授关于认知功能模式的主张，其强调认知观之下的认知模式，即以认知层次的语言模式构建为主，在具体模式构建上采纳功能语言模式的长处。即对功能语言学在客观世界的社会属性加以重视，再运用认知语言学的主观认知优势，从主客观双向入手，把握语言的社会性和能动性，实现语言学的主观作用力。

其次，运用融合法和互补法，将两者结合在一起，通过研究方式和研究手段的融合互补，来实现两大理论模式的良性对接。认知语言学研究强调的角度为生物体内部，而功能语言学在不否定生物体内部研究的前提下，更加突出生物体之间的研究角度，实现两大理论的融合。即在语言的研究中，兼具内外部的互动，融合和补充了单向语言模式的不足之处。在功能和认知的视角上，认知功能语言学模式是将认知与功能融合在一起解决语言研究领域的各种问题。许多学者在强调两者不同之处时指出，在意义构建上，功能语言学强调语言构建者而忽视对于听话者的关注，而认知语言学则强调听话者而没有看到说话者研究讨论的重要性。因此，将两者互补结合可以更加全面地实现对于语言意义的研究和理解。

最后，在具体的认知功能语言学模式的运用实现方面，尤其是在小句的适用上颇具优越性。该模式强调语言系统的网络结构，传统语言模式单向的直线走势在两大语言模式的互动结合下形成交叉整合。这一网络的内部又分别和具体地从概念层、语义层、语法层、词汇层、语音层等各个层级组织的构建中丰富起来。例如，在概念层面上就假定了时空结构、过程结构和致使结构，而过程结构中又体现认知功能语言模式的融合性特征，包含了动作结构、感知结构，体现了其从客观到主观的双向互动。简单句"I saw a flower."，就体现了主语 I 对于客观 flower 的动作过程，即 saw 的动作通过时态的把握来展现语言的主客观统一性和内外部互动的双向性。

（二）统一的认知—功能模型

基于系统功能语言学的认知观和认知语言学的功能观，认知功能模型的表达应由"功能""形式"和"实体"组成，也可分为信息结构和信息单位两类。

在这里我们可以把功能看作是意义和认知的整合，这是认知过程的顺序。形式是认知过程的细节，包括元功能和元过程。它们是实验和实践的研究过程。实体是形式的基本要素。在不同的结构中，物质是不同的。根据系统定义的层次，可以进一步对其进行细化，使其具有动态性。

从功能角度看，三个元功能是概念功能、人际功能和语篇功能，每个功能又可进一步分为不同的语义功能和相应的子系统。人际功能体现了语言在表达社会和人际关系中的各种用途，它涉及语气系统、情态系统和基调系统。语篇功能主要体现在主述位结构、信息结构和衔接三个方面。

从认知角度看，元过程也可以表示为物质过程、心理过程和关系过程。在物质过程中，参与者是行为者和目标。在心理过程中，参与者是感知者和现象，而在关系过程中，参与者是载体和属性或是被认同者和认同者，它们被进一步划分，且都源于并属于这三大类（Halliday，2000；Thompson，2000）。

在语法隐喻理论中，过程（一致地用动词来形容）和属性（一致地用形容词来形容）通过名化被隐喻化改写为名词。它们不是在小句、过程或属性中发挥作用，而在名词组中充当成分（Halliday，2000：352）。这意味着名化与及物性系统密切相关。

信息单元是由两个功能组成的结构，即新信息和已知信息（Halliday，2000：296）。语言是一个复杂的信息系统。为了有效地传递信息，说话者必须让听众注意到一些共享或"共同"的知识。已知信息是指已知的或可预测的信息，它通常出现在从句的开头。

从句作为一种表达经验模式的方式发挥了作用，这就是概念功能，包括及物性系统、语态系统及归一度系统。

传递性与选择过程类型有关。原则上，一个过程由三个部分组成：过程本身、过程的参与者及过程相关的环境（Halliday, 2000：107）。

在统一的认知功能模式中，名化可以看作是过程和功能的结合（图3-4-3）。放大语言符号功能是最重要的语体，也是人类认识世界的过程的体现。名化的一个显著特征是过程可以通过名化转化为功能。受多种因素的影响，过程是动态的，而功能是固定、客观的。所以当一个动词或形容词被名化时，它就变成了客观的。我们可以看到，当这个过程被名化时，其将被视为一个客观事实，很难否认。

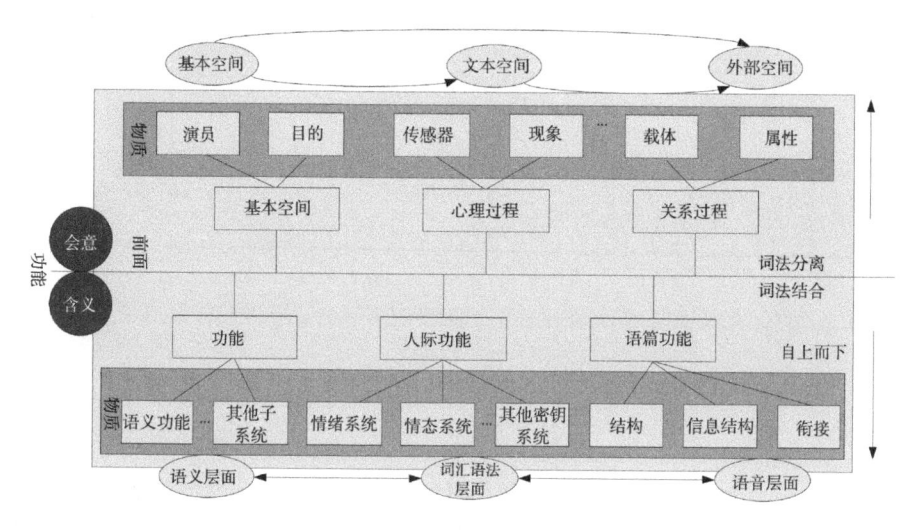

图 3-4-3 统一认知功能模式

第五节 结语

系统功能语言学和认知语言学的产生前提和产生基础的一致性是客观存在的，是在本源一致的情况下对不同流向的区分，这就使得体现两者融合和互补的语言研究整合模式的出现成为可能，也为探讨更加全面的语言研究模式提供了全新的理论思路。本章在衡量两大语言研究模式异同的基础上，对两者即相互区分又密切联系的语言观进行可融合性前提的介绍，探讨了对两种语言模式进行整合并构建语言学研究的认知功能模式的可行性。通过本章列举式的解释，在厘清"认知语言学语言观"和"功能语言学语言观"的基础之上，分析两者的结合可能性，从而在两者互相契合的构建过程之中，在吸收两者积极之处和弥补不足的研究目的之下，将两者进行融合构建出认知功能模式，从而发挥两者语言研究的积极意义，拓展研究视域，实现语言学研究的新进展。

第四章　英语名化的认知—功能模型

名化作为英语中比较重要的语言现象，一直受到主流语言学派的关注，但他们各自的理论视角有所不同（范文芳，2003；刘国辉，2004）。结构主义语言学派认为名化现象有类无别，生成语言学派对其的研究则基本囿于形式。比较而言，功能学派和认知学派对名化的研究更深入，且有所侧重。功能语言学派把语言看作一个系统，从语言的各个层面出发，对名化的概念、人际、篇章功能进行了比较系统和独到的探索；认知语言学派则更多地聚焦于名化的形成机制，主要探究其内在规律性。但相较而言，功能学派在名化的研究中侧重其社会性特征，对人们的认知心理基础涉猎较少，而认知学派更强调名化的个体特征，主要关注认知机制与名化形成的动因。可见，若将两者对名化的研究有机地结合起来，必然能拓展名化研究的理论视角，深化人们对英语名化现象理论和应用的认识。

值得一提的是，近年来一些学者（如张高远，2004，2008；刘国辉，2005；王晓军，2014）提出了名化研究的认知功能理念，引介了相关理论和书籍，对英汉语中的部分名化现象进行了初步的探讨和研究。王立非、刘英杰（2011）也撰文指出了对名化这一现象进行系统的认知功能研究的必要性，指出了进一步进行名化研究的方向。鉴于此，探讨英语名化现象的认知性功能和功能性认知，用新的视角构建英语名化研究的认知功能模型，有望克服认知语言学和系统功能语言学对名化研究的离散性，形成一个将经验和认知、结构和语境、过程和功能结合起来，既尊重客观规律，又兼顾主观能动作用的英语名化研究范式。

第一节 名化的认知过程

如上文所言，名化过程在传统上被看作句法功能规约、语法类别变化的结果，而实质上，名化是人们学习语言的一个认知过程和总结，这包括我们对静止的和运动的事物的认识，也包括我们对物质和精神世界的描述和评述。名化与汉语中"命名"十分接近，其含义包括对经验形成概念的认知过程，也包括"名称化"或"名词性转换"这一语法概念。

我们往往可以通过直接借用或加后缀的方法实现名化。常见的 my take（我的理解）、work permit（工作许可，工卡）、my bad（我的错）等都是直接借用的情形。尽管没有形式上的变化，但名化体现了认知上的提升，实现了特定的功能，是经过语言经验与社会交流的语用实际互动产生的交际功能。

当然，大多数名化过程需要有一些词形变化。通过后缀的认知功能，这些名词会蕴涵新的信息结构，并随着语言的社会活动做一些语义上的调整。

可见，名化的过程绝不止于语法类别的变化，这一过程还体现了认知的提升、功能的转变，在语言使用中扮演了重要角色，值得我们对之开展深入研究。那么，名化过程中的词类变化是任意的，还是有理据的？为什么人们可以理解这种变化后的词类？名化后的词是怎么获得意义的？针对这些问题，不同的语言学家从不同的角度对名化进行了研究，得出了不同的结论。本章主要对动词名化进行了分析，并试图通过分析英语动词的名化来探寻这种语言现象的语义理据，希望能够建立一个动作名词的意义推理机制，为英语学习者掌握这种语言现象提供一些帮助。

一、动词名化的动词分类与形态变化分析

所谓的名化（nominalization）是"指从其他某个词类形成名词的过程，或指从一个底层小句得出一个名词短语的派生过程。"而动词名化指的是用名词来表达原属动词所表达的概念，其过程就是动作逐步从动态静化为抽象概念，甚至涉及与该动作相关的人或事物的过程。这样经过名化，一致

式小句中的过程就变成了隐喻式小句中的事物。

例如：They danced on the board.

They did a dance on the board.

我们知道，所有动词都有派生的动作名词，但并非所有动词都有转类的动作名词。这样，就可以以一个动词有几种名化形式为标准，把英语动词分成四类。

（1）只有动名词一种名化形式的动词，如 ask、bring、build、clean、come、do、find、get、hear、leave、listen、long、part、save、say、sink、teach、want。

（2）有动名词和派生的动作名词两种名化形式的动词，如 arrive（arriving、arrival）、behave（having、behaviour）、believe（believing、belief）、enter（entering、entry）、fail（failing、failure）、lose（losing、loss）、see（seeing、sight）、settle（settling、settlement）。

（3）有动名词和转类的动作名词两种名化形式的动词，转类的动作虽然拼法与动词一致，但单词重音不一定一样，如 progress 作动词时，重音落在第二个音节；作名词时，重音落在第一个音节。如 answer、change、delay、export、fight、import、interview、love、progress、promise、transport、try、wish、work。

（4）有动名词、转类的动作名词和派生的动作名词三种名化形式的动词，如 advance（advancing、advance、advancement）、fly（flying、fly、flight）、laugh（laughing、laugh、laughter）、move（moving、move、movement、motion）、think（thinking、think、thought）、visit（visiting、visit、visitation）。有时一个动词有不止一个派生的动作名词。现在我们可以看到，英语动词的名化之所以会有不同的形式，就是因为英语动词实际存在不同的名化形式。

二、动词名化的语义分析

从语义上来看，动词名化后可以表示很多语义。例如，动词名化可以表示以下几种含义：

1. 动作执行者

原动词表示一种行动或行为，名化后表示行为主体或从事某种工作的人。如 a lookout、a cheat。

2. 表示动作结果

例如：This is a remake of a film. （remake 指重拍的影片）

3. 表示动作的工具或地点

例如：Take the fourth turn in the left. （turn 指拐弯处）

4. 表示思想或感觉状态

例如：Take the smell of the cake. （smell 指闻味）

三、动词名化的认知依据

认知语言学认为，语言是观察和研究认知的窗口。语法结构的调整和转换的深层的动因还是在于我们对客观世界的体验感知、认知途径、识解方式、心智框架等。

（）认知语法的基本论点

认知语法的基本出发点是语言表达基于人们对外界现实的感知体验和认知加工，语法结构取决于人们的认知系统和语义结构。因此，要揭示动词名化这一语言现象，除了对其句法转变这一现象进行研究，还要从人的认知规律上寻求更深层次的解释。

从另外一方面来说，对于同一事件，我们可以选取不同的词语采取不同的句式来表达，这是因为在描述某一实体或情景时，人们会选择不同注意焦点、突显部分和不同的视角，并在大脑中形成不同的意象，以便去理解和把握某一感知到的事物和场景。任何一个表达式都在相关认知域上形成一个意象（image）。认知域可以是一个基本的知觉或概念，也可以是一个复杂的知识系统。任何概念或知识系统都可以是一个认知域。意象的形成由于受到识解操作方式如详略度（specificity）、辖域（scope）、背景（background）、视角（perspective）、突显（Prominence）的影响而变化。

（二）动词和名词的认知特点

Langacker 根据突显侧面把词汇分为两大类：事体（thing）和关系（relation）。他认为，名词明显地指向事体本身，可定义为勾画事体，突显个体、事件、抽象关系，有三维空间的"东西"（thing）等。名词强调整体扫描（summary scanning），即对一个事件从宏观上做整体性扫描，事体被视作一个整体或一个完形（格式塔），扫描结束后事体的各方面信息被整合起来，各个位置被映射成一个完整的画面，侧重于扫描的整体效果。名词所勾画的事体在我们的经验中是作为一个整体实体而存在的。而动词被定义为勾画动作、过程、特征、关系等，突显一维时间过程关系或者动作性，是一种过程扫描（sequential scanning），即人们依照一定的顺序对事体进行扫描，信息按事件的各个连续阶段进行整合，侧重于扫描过程及可感知事件在各个阶段的变化，类似于电影、录像的工作程序。

（三）动词词性的认知分析

我们知道，英语由于其特有的历史原因，在形成过程中，并非每个名词都严格按性、数、格特征来执行变化（例如，有的词只有性的变化，没有数的变化或格的变化）。在考察名词的特征时，我们可以从人类语言的普遍语法出发，从意义和功能看英语名词的典型性。英语中名词有很多不同的种类，在普通名词中有一些名词表示的是单独的个体，如"apple"。然而"flood"表示的物体虽然在自然状态下没有界限，但可以和数量词及表容器的词连用，"training"这类词就不能和数词连用，但可以受定语修饰。根据所有的这些特征，我们可以对英语名词的特征进行大致总结：（1）表示空间中的离散个体；（2）可以受数词或量词的修饰；（3）可以受定语的修饰；（4）可以在句中作主语和宾语。通过分析，我们可以知道：（4）是做名词应该满足的基本条件，由（4）到（1），限制条件渐渐严格，（1）是做名词的最高条件，具有特征（1）的名词一定具有其他几项特征，是最典型的名词，具有特征（2）但不具有特征（1）的名词的典型性次之，只具有特征（4）的名词可以认为是非典型名词。由于人类行为的经济省力原则，人们在判定词性过程中，总是试着利用该类词最典型、最直观的特点，而且各个层次的名词都应该具有一个特点即有界化。有界化可以在现实世界中依靠容器进行，也可以在抽象世界中依靠思维进行。所以，名词的典型性强弱与思维使事物有界化而所做的努力大小有关，由于使具体名词有界所做的努力小于使抽象名词有界所做的势力，具体名词词性的典型性自然强于抽象名词。

英语动词词性的认知分析问题就相对较为复杂，因为动作存在的基础是时间，而时间是会消逝的，留下的只是动作的结果和伴随它的一些相关事物，所以动作通常难以像事物一样分为不同的类别，不能明确归纳出如名词那样的等级特征。而且英语动词是以单个独立词形式存在的，动词内部没有句法关系，而意义又不能成为判定动词典型与否的唯一标准，所以

59

英语动词词性的典型性不明显。

四、动词名化的认知依据

　　动名词和动词派生名词是名化的主要手段。两者虽然都是名词，突显的是同一件事情，但它们所代表的意义在详略度上略有不同。认知语法认为，同一情形可以用不同详细程度的词或句子来描述，形成描述同一情形的不同详细程度的语言连续体。比如，do > break > shatter >completely shatter 从详略程度上而言，do 最粗略而 completely shatter 在动作的描写和刻画上最详细。凡动作都具有时体特征，时是指动作的时间占有性质，体则是动作的运动状态。动作在名化时，其时体意义也相应发生变化，其情形也就如同镜头的推近或拉远，不同的是动词名化时所体现的是时间距离的推近或拉远而非空间距离。换句话说，使用动名词，认知者突出的是动作的内在过程，看不到动作的终点。相反，使用动词派生名词，认知者突出的是一个有时间终点的动作概念。从这个意义上说，动名词的详细度要高于动词派生名词。

五、动词名化的功能分析

　　我们认为动词的名化主要有以下几项功能：一是通过重新范畴化，使原本动态的过程变为静态，为人们认识世界提供了新的途径。二是通过名化，使隐喻式中所含的单词总数少于一致式，但信息量基本不变，因此名化具有浓缩信息、增加小句信息量的功能。三是利用英语名词短语可以不包含人称代词的特点，可避免提及无关紧要的施事者，使得表达更加客观严肃。四是名化大大丰富了英语的表达方式，可以从句法结构不同的上下文得到词义相同或相近的信息。五是名化可以形成不同的句子重读，有利于强调句子的不同成分。动词名化后放在句尾，则需重读，以达到强调的效果。六是名化可以保持句子平衡，防止头重脚轻，避免突如其来。

　　然而，单纯从句法功能上来讲，英语动词名化后，可以担当主语、宾语、表语等成分，而且可以通过扩张使其拥有逻辑上的主语、宾语或状语等。英语的动词名化后，在句法功能上和其他名词一样担当主语、宾语、表语，在结构上可以由限定词或形容词来修饰。例如：

　　①His arrival was unexpected.

②We didn't expect his arrival.
③What is unexpected is his arrival.

arrival 在（1）中作主语，在（2）中作宾语，在（3）中作表语。另外，英语的名词在理论上可以无限扩张。一个从动词转变过来的抽象名词可以通过左位扩张和右位扩张，在保留原动词特征的同时，拥有逻辑上的主语、宾语、状语，同时获得名词的多数特征，拥有限定词、修饰语，使之变得非常复杂。另外，英语的动词名化后可以和一些常用动词一起，在语法上构成动宾关系，在意义上仍然保持原动词的意义，对主语的行为或状态进行陈述。英语中的动词名化后还可以受表示时间、地点的介词短语的修饰。

六、动词的名化功与过

（一）动词名化的"益"

英语动词名化，有四大"功绩"：

1. 便于抽象信息处理，增强客观性

动词名化有利于表达客观真理和客观事实。动词的一致式通常体现过程，有自己的参与者，有时还带有环境。名化后，动词体现的过程变为另一过程中的参与者，原过程中的参与者常被省略，从而使语篇显得更客观。

2. 促使语篇简洁化

名词词组的特性之一就是其信息的密集性。动词名化可使语篇更简洁、紧凑。成为表示过程的动词后，原来的简单小句被"打包"成词组，或两三个小句被"打包"成一个小句，词汇密度增加，用词量减少。因此，在信息量相同的情况下，名化的表达法往往比一致式更简洁。

3. 适应语篇功能变体

英语的名化程度与文体的正式程度密切相关。动词的名化程度越高就越抽象，越正式，越书面化。动词名化促使语篇功能变得正式。

4. 语篇内部之间的过渡或衔接。

动词名化不仅在语篇的信息结构中举足轻重，而且也和其他语法或词汇衔接手段一样，对语篇的连贯、流畅起着重要的衔接作用。动词名化在英语语篇中的衔接功能主要是通过建立"主位—述位"衔接而实现的。

5. 适应表达需要

动词名化会使语义模糊，然而语义模糊在一定条件下还可以掩饰交际者含混或真实的思想，以迎合某种表达的特定需要。

（二）动词名化的"弊"

凡事都是有两面性。虽然动词名化具有以上优点，但也不可避免有一些"不足"，其中的主要原因在于通过名化手段转换而来的词多为抽象名词，这使语篇信息密度急剧增大，语义关系经常出现歧义，让人难以理解，甚至经常出现误解的情况。有时，某一篇文章十分复杂抽象，很可能就是因为其中的抽象名词用得太多，特别是名化动词名词，如-tion、-ment、-ence等结尾的词。动词的名化形式在语法上或事实上虽然可能是对的，但其语义表达模糊，因而在学习过程中，远没有具体的动词或形容词那样生动形象，易于学习。因而现在，不少文体学家主张根据交际需要，使用具体与抽象相结合的词。另一方面，也是很重要的一方面，就是避免滥用名化，在英语中有些地方的名化是不可取的，最好用动词形式。通过研究可知，不可滥用的动词名化主要包括：第一，空泛意义的谓语动词不能名化，即只有有具体而实在内容的动词才能名化。这主要是因为名化后果是"物化"状态。第二，多个名化不能连用，必须将其中之一变为动词。这主要是出于结构布局或平衡的考虑。

综上所述，英语中动词名化的认知是一个复杂的过程，本文仅就其限制性、语义特征、认知依据、功能评价等主要方面做出分析，仍有不少问题需要深入探讨，例如，文中对于认知依据的讨论还可更进一步，应以明确的数据分析为依据等。

第二节　认知功能观再认识

语言学的研究发展到20世纪，已经从最初对于语言形式和结构这种外在客观成分和现象的关注，转而投向了更加具有深度和更加复杂的语义层面。作为20世纪下半叶才出现的理论派别，"认知语言学"和"系统功能语言学"，均以语义作为核心研究对象，在对语言本质的讨论上，也极其一致和统一地把焦点放在功能之上，两者是在本源一致下对不同流向的区分。这就使得体现两者融合和互补的语言研究整合模式的出现成为可能，也为探讨更加全面的语言研究模式提供了全新的理论思路。

一、差异与共核

功能语言学的主要目标是在认知研究中寻找行使概念功能的语言样本。Halliday 和 Matthiessen（1999）认为我们心智世界、社会世界和物质世界的经验构成思维的语义资源。在概念的表达过程中形成经验的种种现象被组合成不同的语义单位，层层叠叠，等级各异，重构一整套思维系统。人类认知过程的一般规律本质上就是根据精确度逐层构建的经验。系统经验是人类一般思维模式的凝聚，处于基本模式水平，是认知过程中最为抽象、最为基础的思维套式。语篇经验是人文社科、自然科学等基础领域发展水平的具体外化，因此具有各类语篇选择的潜势。语篇经验相对于系统经验已经十分具体，具有综合发挥的认知套式。词义经验处在个例和事例的水平上，分量和风格虽各有千秋，但通过词际间的组合与升华，可以获得超越个例和事例的语言体验。这个层次可以看成是经验认知的具体语言实验。

简言之，功能学派认为认知功能的层级构成如下：

第一层是系统经验，即基于人类共同体体验的惯用语言特征；

第二层是语篇经验，即意义密码；

第三层是语篇经验组合，即多项功能的综合应用。

而认知语言学的主要目标是在认知研究中探究概念结构的语言表现。Langacker（1987：76）认为人们的精神经验体现于语言的语义空间、符号空间和音素空间。语义空间和音素空间是人类认知过程的两个方面，而符号是语义空间和音素空间在结构上的某种联合。也就是说，我们的概念结构是通过具体的言语行为表现出来的。而我们的言语行为离不开语义空间的向导，因为没有句读规则和语义条文，言语行为就无法展开。而语义空间也会逐渐接受概念结构的引导，上升到语文水平，并实现语音的表述功能。在整个语言形成过程中，符号空间又是语义空间和音素空间的桥梁，是概念形成的关键因素。

两种学派都认为我们来自内心精神世界或外部物质世界的经验是认知过程的最重要来源，而抽象化或具体化、主观化或客观化则是表述这些经验的最有效方式。两种学派的核心工作其实都是探索经验的传递和表述。特别是说到人类经验的表述规律时，两派都承认结构引导具体、具体向导结构的语言形成过程，都承认，只有通过来自我们内心精神世界或外部物质世界的具体语言实践和经验才能掌握抽象的语言规律来指导具体的语言应用，才能完全符合语言认知的要求。

二、合作的基础

系统功能语言学和认知语言学的共性上文已有说明，它们都隶属于大"功能主义"范畴，产生自对语言研究形式主义的批判，具体表现在对于乔姆斯基"转换生成语言学"的理论反驳。两者在对于功能主义的一致性选择已经奠定了它们可合作的基础性前提。

具体说来，在语言研究对象的选择上，系统功能语言学把语义放在研究的起点，自上而下，从语义到词汇语法再到语音是一个层层选择的过程，在其研究之上的语言这一大系统是一种社会子系统，虽然关于语言的这一社会行为定义不同于认知语言学的语言动态化定义，但其将语言作为可以选择系统的主张却与认知语言学派的主张相吻合。认知语言学在讨论认知系统与语言构建系统的联系和规律的同时，也强调了语义系统描述的重要性。两者都主张语言的研究并不是单纯的语言展现和描写，主要目标是对于语言的解释。对于语言的解释，认知语言是从人的认知层面入手展开的，而功能语言学则是从社会决定性角度入手展开的。但两者在语言的解释上只是使用的具体方式不同，研究和解释的最终归宿却是一致的。其次，两者对于语言的研究都是侧重于研究语言之间的差异性而不是共性。这也可以说是功能语言学对于功能关注的一个共性问题的研究。即不管是强调认知的区别化，还是强调社会决定性的区别化，在两者看来，在不同标准下的不同语言选择才是其发挥作用的关键。并且，两者在讨论语义和语法的关系上也呈现出了一致的研究趋势。

如果说两大理论学派的相同之处是两者融合可行性的前提，那两者之间的差异性则可以认为是两者融合可行性的必要因素。正是因为两者在共性基础之上呈现出各种的独特之处，才使得两大理论研究主张优势的互补成为可能。下面笔者就继续通过具体的例子解释两者对于语言研究的不同优势，从而形成两者模式相结合的优势联盟。

作为语言构成基础的词汇对于语言学的研究和理解来说具有基础和入

64

门性的意义，现在词汇的外延性已经在社会时代的发展下得到丰富，并且随着社会发展增加了不确定性，不仅如此，很多词汇本身含义的多样性也使得对于词汇的研究更加复杂和困难。认知语言学对于语言的把握重点在于其所强调的语言本身的动态性，对于语言的讨论也是在一个语言动态范围化的假设中具体展开的，这就很好地迎合了现代词汇本身存在和发展的特点。此外，在对于语言中广泛存在的多义词的讨论中，认知语言学更是把其优势发挥得淋漓尽致。多义词本身的多义性、模糊性使得对其的理解面临不少困境，而认知语言学偏重的隐喻观却能在解决此问题上发挥优势。例如，对于"Lily has changed her position."这个句子，单纯地从字面理解就会得到两种解释，第一种就是莉莉改变了她的位置，第二种则是莉莉改变了她的观点立场。这既是因为position本身是一个多义词，既有位置的含义又可以解释为观点立场。又如，单词lie本身就有多种解释，并且其多种解释的词性也有所不同，即可以表示名词性质的"谎言，位置"，也可以以解释为动词性质的"说谎"，且这里又可以区分属两种动词词性，即及物动词和不及物动词。lie还可以解释为动词性质的"躺着，位于，展现"。这样一个意义复杂甚至词态多样的词汇在具体的语言句式中不仅面临着如何解读的问题，也面临着如何正确应用的问题。认知语言学对语义研究核心的解释是对于概念的认知过程，而这一过程的核心就是隐喻。且对于多义词的研究通常是考虑说话主体的主观表达意向与词汇在使用中的不同语境的规律性特征，这正是认知语言学的主要观点。

功能语言学突出的语言研究主张就是对于语言的社会化定义，其把语言看作一个系统，把语言的使用看作对于系统的选择。系统功能语言学家在解释系统时，把系统功能语言学归入到了语法的范畴，这是对于语言研究的一个阶段，在这个阶段中，"系统"被认为是语言表达的结构中对于特定位置进行选择的"单一集"。下面就举一个简单的例子来解释这些"单一集"是如何进行选择和应用分析的。例如，在"Lily hit Tom". 这个简单句之中，包含着三个位置，它们分别是Lily、hit和Tom这三个词，这三个词被统一命名为这个句子的三个成分，而这三个成分既是这个完整句子的语法结构，又是横向的组合模式。假设，我们把句子中的hit换成kissed或者loved这样的替代词汇，那么三个成分的组成词变成为了用来进行替代的事件。而此时，进行替换的kissed、loved便和原成分hit一起构成了纵向关系意义上的系统，这个系统中的词汇是可供选择和替换的。这种解读便很好地体现了功能语言学说中的系统理论在解释语言中的清晰性和系统性方面的优势。

三、认知功能模型

通过上述两种理论各自的优点，可以看出两者在语言研究的过程中的侧重点和互补性，可以明确两者融合的可行性，通过这种结合可以使得语言学的研究和解释更全面、系统、科学。

认知语言观强调个体体验，体现于语言的语义空间、符号空间和音素空间，经由物化过程、关系过程和心理过程，形成结构性认知；而功能学派则强调语言使用的社会性，体现于特定的概念系统、语篇系统和语用系统，实现了语言的概念功能、语篇功能和人际功能，达成功能性所指。

语言的结构和语言的功能密切相关，对于语法（言）现象还需从语言结构之外去寻求解释（沈家煊，2005）。同时，人的交际活动离不开认知能力的介入，我们还要关注语篇的微观层面，要由研究社会向研究社会成员的意义潜势过渡，即加强个体性研究（张淑杰，2015）。

有鉴于此，我们可以综合形成一个认知功能模型，即一种能够兼顾概念结构和实际应用、过程和功能、认识和意谓的语言研究范式。如此，我们就可以把认知过程中得到的经验与交际过程中意识到的语用经验结合起来。此模型如图 4-2-1 所示：

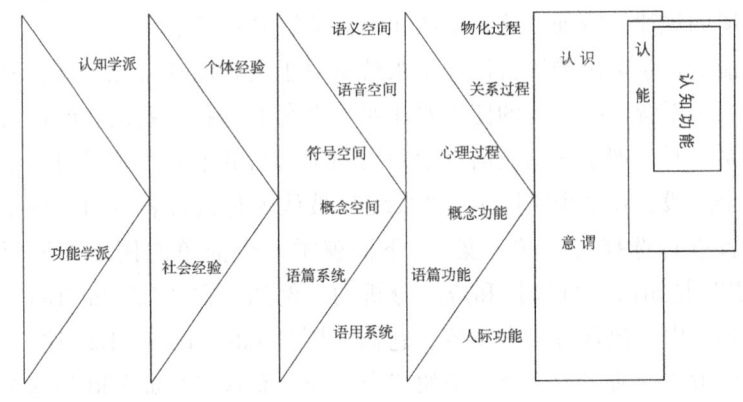

图 4-2-1 认知功能模型

因为认知功能模型是认知性的功能，人们就会把社会经验放在语义空间、符号空间和音素空间里去分析和总结；又因为它是功能性认知，语义空间、符号空间和音素空间就不再局限于个体的生理和心理经验，而是向整个社会开放。这样一来，功能学派和认知学派都拓展了视野，前者因为个体心智的介入更能详细地把握语言表达空间的准确度，而后者则因为社会学的介入更能准确地找到恰当的语义资源。

第三节　英语名化的认知功能模型构建

一、功能学派和认知学派对名化的认识

语言是语言使用者对主观和客观世界表达、认识和反思的过程。在认知的过程中，人们把经验分成过程、参与者和语用情形，这是一个主观过程。而在这一过程中，人们往往又把形成概念的事物和思想归类成符号，这又是一个客观过程。具体到名化，前者更偏向于概念的客观实际标准，也就是说功能学派更注重研究次要语法成分转变成主体成分的社会实践，更注重主体成分相对增加、次要成分相对减少的现代职业语用规范；而后者则致力于从经验抽象到概念的主观能动作用，也就是说认知学派偏向于研究语法成分概念化和专业化的个体心理能动作用，更注重研究语用经验和个体专业知识的关系。

系统功能语言学家强调语言的社会性和实用性。这对阐释我们认知过程中的经验很有帮助，也很好地解释了名化在升华经验中的外部因素。他们主张语言是人们在社会活动中相互交流的产物，并在不同的交流环境中显示不同的语用功能。因此，功能学派重视语言的使用方式和功能成分，试图去发现和描写因社会情境和说话人不同而产生的各种语言变体，以及这些变体与社会功能之间的关系。他们把认知过程看作是一个人的语言发展过程，在社会各种场合中得到锻炼，并不断成熟。与名化尤为相关的是他们对语用功能的研究。这些功能包括概念元功能（ideational metafunction）、人际元功能（interpersonal metafunction）和语篇元功能（textual metafunction）。概念功能就是通过感受一系列语言经验来表达对事物的认识。人际功能是说话人用语言来表达人际关系、引导听话人的行为活动，或者是双方的信息和思想交流，其方法是使用各种称谓、语气和措辞（张

瑞娥，2009）。语篇功能就是使语言在某一语境中起作用的能力，有了这种能力说话人才能创造出合乎事宜的话语。而名化正是推动这些功能实现的一个重要手段。Halliday（1994：352）说："名化是创造语法隐喻唯一有效的源泉。"有了语法隐喻，人们的认识就可以上升到概念和人际关系的抽象高度。这些都需要名词性的客观限定作用，需要名化来完成。

认知学派则认为动词和形容词的名化是对过程和特征概念化的结果。现行的认知语法学中并没有把词法和语法严格区分开来，而把它们放在一起组成一个符号结构的连续体，同时又把这些符号单元看作是表达概念的主观手段。Langacker（1987：99）就曾经把语义结构定义为"专门为语言俗约设定的概念形式"。正因为在各主体概念语义结构上平等组合，那些做修饰成分的语法单位大大减少，语用表达才更利于逻辑推理。由于地点、时间、原因、目的、结果、条件、方向、程度、方式、性质、身份、特征、状态等客观性限定作用的符号单元大都上升为名词性的主体概念，这样名化就提升了符号单元的语法地位，也就等于突显了它们的级阶，词义的品位也因此得以上移；同时，个体语用经验和专业素养也不断提升，具备认知抽象过程中所需要的各种推理能力。

二、英语名化的认知功能模型

基于功能学派和认知学派对名化的认识，名化可以看作是过程和功能的结合。从语义上讲，小句（that、whether、what 等名词性从句）、大过程（谓语动词）、小过程（环境成分、微动词）、性质（形容词）、关系成分（引导词）名化，就是对非主体或客体的修饰成分的一个认知提升过程；从词汇语法层次来说，这些修饰成分经由语法隐喻（grammatical metaphor），发挥了主体或客体的作用。

因此，名化就是人们从概念、语篇和符号的经验中逐渐总结出主观或客观的含义。这种由外而内，又由内而外的揣摩风格可以扩大语言符号功能，从而体现人们认识世界的理念过程。在这里，符号功能已经综合了认知过程中的意谓和认识，人们在社会语言实践活动中由形象的数量积累逐渐转向抽象的系统积累。commence、begin 和 start 都可以作"开始"讲，只是使用场合稍有不同，但并不具备主观或客观的限定性。但将它们转换成名词后，我们就能够看到综合概念结构、语篇应用和符号经验的痕迹。

commencement、beginning 和 start 分别是 commence、begin 和 start 的名

词形式。start 没有任何形式上的变化，但作为名词，start（开始）只限于在 at the start（一开始）这样的搭配中使用，而且在时间上是极其短暂的，也只有一次。而 beginning（开始）则可长可短，也不一定是连续性的，且 -ing 后缀往往使学习者进入一个符号空间，初步接触一个抽象的概念结构。而 commencement 则体现了客观符号经验和主观语义应用的范例。commencement 指正式场合的"开始"，只有两种指情形，一是指正规会议的开头，二是指大学毕业典礼。-ment 这个后缀包含过程和功能的结合，但 commencement 同时也是意谓和认识相互作用的结果，因为现在该词已更新了信息结构，其第二个意思较常用。

根据认知功能模型和对名化的实例分析，我们也可以尝试构建一个名化的认知功能模型（图 4-3-1）：

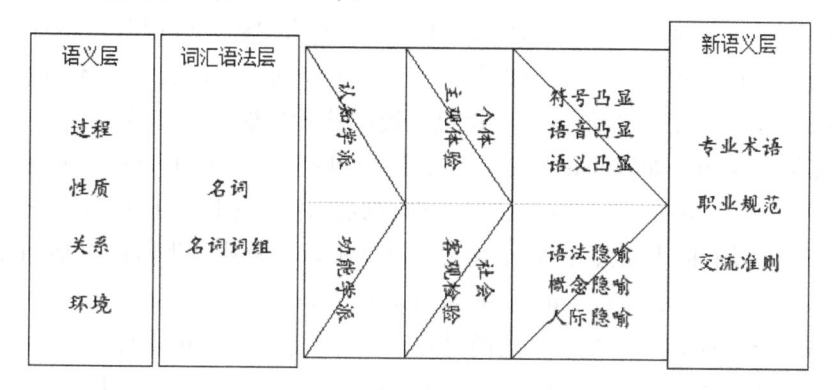

图 4-3-1　名化的认知功能模型

那些表达过程、性质、关系和环境的符号单元（如动词、形容词、副词、短语、小句），通过个体主观体验和社会客观检验，经过语法转变为名词或名词词组，其符号、语音和语义作用得到凸显，同时在语用实践中发挥其语法隐喻、概念隐喻、人际隐喻的功能，获得了符合专业术语、职业规范、交流准则等的新语义特征。

名化可以实现功能性的认知。它可以使人们对过程的体验转换成对功能的记忆。也就是说，过程是动态的，很容易受许多不定因素的影响，而功能则是客观的，比较固定。当一个动词或形容词被名化，或被名称化，它就具备客观性。如"The president is dishonest."（这总统不诚实。）说的是一个过程。这里我们要对说话者的心态进行揣摩：这位总统干了什么坏事？还是说话人心态不正，或者开了个玩笑？但 the president's dishonesty（这位总统的不诚实行为）恐怕不会引来笑声，因为至少在语义上来说这已经是个客观事实了。dishonesty 已经接近于一个专业术语，同时也符合现代新闻报道的交流准则，因为从职业规范来说，作者或其他人士已经对此事做过客观调查。

另一方面，通过名化，词汇的过程和特征（一般是动词和形容词）的经验便进入符号空间，从而实现认知性的功能。这样的功能能够界定某种经验，并使其符合社会化的要求。也正是这个原因，经过名化的词语一般很难再进行进一步的词性转换，因为认知的终极任务就是使经验变成一个信息实体，即使信息内容会有所变化，实体的形式也不会有多大的变化。binding 这个名词是由 bind 这个动词变化而来的，但不同时期的语义有所不同：在 14 世纪初 binding 是"捆绑物"，14 世纪末它的意思成了"被捆的样子"，到了 17 世纪 40 年代它则专指书的"装订"。management 是由 manage 转变而来的，在 16 世纪 90 年代它主要指"经营管理"，1739 年一家剧院用它来指代的"管理人员"，现在这些意思都还在用，不过有时 management 还特指"经理部"。这也正说明这种功能是认知性的，其意谓终究是主观的。如 When they will arrive at the city and why they will come have not been made public（他们什么时候到达这个城市，以及他们为什么要来，并没有向大家公开。）是比较客观的报道。而其名化形式"The time of their arrival at the city and the reason for their coming have been kept as confidential information."（他们抵达的时间和拜访的原因是公司秘密，一直没有公开。）则表明名化的文风更能显现时下的工作价值，所以名化的价值观念是极其主观的。

那些表达过程、性质、关系和环境的符号单元在被加上这些名词性后缀后，就会被赋予新的认知功能。succeed 作为动词有两个意思，"继任"和"成功"，与之相对应的名词是 succession（继任权利）和 success（胜利），名化后的词显然包含许多社会性和实用性的内涵。每一次名化都会体现出专业概念、人际关系和职业规范的一个或全部方面的认知功能。comment（发言）作为动词可以转换成三个名词 comment（言论）、commentation（回应）、commentary（评论文章，评论栏目）。不像动词，这三个名词都涵盖了概念、人际和语用三个认知功能，但它们适用的社会场合却不同：comment（言论）比较慎重，没有使用场合的限制；commentation（回应）一般出现在比较严肃的多媒体资料中；而 commentary（评论文章，评论栏目）则要承受很大的社会压力。comment（言论）可以成为社会语言学的一个专业术语，commentation（回应）可以当作新闻学的一个术语，而 commentary（评论文章，评论栏目）则可以是节目主持的一个专业术语。

第四节　结语

通过综合功能学派和认知学派对名化和认知功能的分析，我们可以将经验和认知、结构和语境、过程和功能结合起来，做到既尊重客观规律，又兼顾主观能动作用，以此来探讨名化的认知过程和功能。功能学派和认知学派对过程和功能的研究恰好互补，这为我们规划英语名化的认知功能模型提供了重要的理论依据。认知功能模型的核心就是通过认识和意谓的结合，形成符合现代社会专业化、职业化和法律化的语文规范。英语名化就是使那些表达过程、性质、关系和环境的符号单元，在经过语法转变之后，突显出各自的符号、语音和语义作用，同时发挥其语法隐喻、概念隐喻、人际隐喻的功能，最终将其转换成具备专业术语特性、符合职业规范和交流准则的名词或名词词组。

第五章 名化的认知功能性

语言是社交活动的结果，并且在人类活动中起着一定的作用。系统功能语法旨在规范语言的使用方式，这些功能成分，即意义的基本组成成分，称为元功能。Halliday（1985，2000）将这些功能分为三个元功能。他确定了语言的三个元功能，并认为语言以三种方式发挥功能，即概念功能、人际功能和篇章功能。语言的这三个功能是通过语法的三个相应组成成分实现的。

它们分别是概念成分、人际成分和篇章成分。实际上，这些成分是意义的基本组成部分，它们共同构成了分配给任何一个特定组成部分的整体含义。因此，该语法具有功能/语义输入和结构/形式输出。

概念功能，指人际功能和篇章功能可以进一步分为各种语义功能和相应的子系统。人际功能包含了表达社交和人际关系的语言的所有用途，涉及情绪系统、情态系统和关键系统。篇章功能通过主位——述位结构、信息结构和衔接得以体现。

名化，作为象征事和物，包装信息和一致式信息的途径，与语言的三种功能密切相关。

第一节 经验功能和名化

一、名化的认知——概念功能

在概念功能中，我们使用语言来组织、理解和表达我们对世界和自身意识的理解。概念功能可分为两个子功能：经验功能和逻辑功能。经验功

第五章　名化的认知功能性

能主要与内容或思想有关；逻辑功能与思想之间的关系有关。人类通过名化以相同的方式命名相同的事物、过程或属性，就好像它们已经转变为不同的事物一样。实际上，当人类开始以一种新的视角，即比喻的视角，来看待它们时，就会发生这种情况。名化的使用是人类认知能力进步的表现。另一方面，语言的变化也丰富了人们对经验世界的了解。名化的认知功能可以在两个方面进行进一步阐述，即分类、分类组织和推理、逻辑进展。名化的使用改变了人类对世界和经验世界的认识。名化实现了语法隐喻，带来了四个方面的变化。首先，流程或属性已重新定义为实体或本体；其次，过程名词通过名词来实现，而不是通过动词或形容词，再次，图式已被转换为元素。最后，小句已被压缩为词组。所有的转化都归因于三个元功能中的概念功能，这是通过可传递性结构实现的。语法将现象解释为类。例如，家具可以进一步划分为椅子、桌子、床等。如果更仔细地观察这一问题，我们会发现范畴化能力是基于名词词组结构的，即这种分类潜力可以通过修饰的迭代特性来开发。（Halliday，1996）

当一个动词或词组被转换成一个名词时，现象就开始被解释为带有词汇的类。例如，发展的一种类型是经济发展，也可能有科学发展和教育发展。这样的分类法已经成为日常语言的特征。原型形式当然是感知世界中范畴概念的实体组；并且组织概念是一种下位关系，即"a 是 b 的一种"。例如，在"英国的农业发展中有两个特征或属性。"这句话中，英国和农业是发展的子类。换句话说，一种发展是农业发展，农业发展的一种是英国的农业发展。

从动词，到名化词组（英国的农业发展），到不定式（发展英国的农业），到动名词（发展英国的农业），到常规名词（英国的农业发展）的转义以某些"新"的含义产生为标志，Halliday（1996）称之为"理论抽象"。如长度和移动之类的名化将"正在长"和"正在移动"解释为理论实体。这里的语法允许将类相交叉。

这为扩展"技术"要素的理论力量开辟了可能性。这样，名化就是要探索一种更深入的资源，这种资源将成为日常语言语法的永久部分（不仅是分类，而且是反分类），即从另一种语法类别中派生出一种语法范畴。

"移动"过程被观察、归纳，然后被理论化，成为虚拟实体"运动"；作为名词，它现在有自己的可能性 a 参与其他过程。还有另一种可能性 b 被扩展到分类学中，如"线性运动、轨道运动、抛物线运动和周期运动……"在语义上，像"运动"这样的名化实现了两个功能的结合，a 关于

73

"过程",表示移动的全称的范畴含义,以及 b "实体"或"事物"的类别含义,这是运动"名词"的范畴含义。这种语义连接也具有一定功能,即项目的含义被"压缩"的功能。技术性不仅涉及概念语义特征的凝结。项目"运动"现在作为一种理论抽象,是元分类学的一部分,该理论具有作为(半)设计符号系统的自身分类结构的理论。Halliday 和 Martin(1993)将此语义过程称为蒸馏。通过示例,我们可以稍微了解渐进式名化的逐渐"蒸馏"效应。同样,我们可能会在以下情况中观察到"move"向"motion"的转义:

moves—is moving—a moving—movement—motion

planets—the planet is moving—a moving planet—the planet's moving—the movement of planets—planetary motion

正如 Halliday 和 Martin(1993)所说,"技术语言既压缩又改变了日常用语的性质……"。逐渐蒸馏导致技术抽象,从而开始了西方科学理论的演变。这种蒸馏是建立理论的必要资源。名化是所有技术术语最终作为基础的原则。整个的名化潜能成为技术和科学话语之间的主要区别。技术术语相对更多地依赖于分类法,较少依赖于隐喻,而它们也基于转喻(b 是 y 的一部分)——通过转喻与下位词的语义比喻来发展分类法。两者都使用名词词组的结构资源这一事实说明了物体越小,其名称就可能越长。在这个方面,名化赋予动词几乎无限的能力,使其能够被进一步修饰和限定。

因此,这里可以得出结论,即创造技术语言的潜力是隐喻名化所衍生出的功能的一个方面,可以认为这是人类进化中认知能力的巨大进步。首先,通过使用名化,移动动作变得固定、可感知、具体、可数、可占有等。其次,名词词组在其语法上具有将大量词汇材料组织成功能配置的潜力。词汇项目直接(作为单词)或间接(通过等级移位的词组或从句)操作。

二、不同过程中名化的体现

我们认为所有语言都应满足我们表达对自身所经历世界的理解的需求,即经验、代表或概念功能。这体现在英语语义中内置的不同类型的过程中。这些过程是物质过程、心理过程、关系过程、行为过程、言语过程和存在过程。

一个过程可能包括三个部分：（1）过程本身，通常包括言语团体实现的行动、事件、状态和关系；（2）参与过程的参与者，包括通常由名义群体实现的人、物和抽象概念；（3）与过程相关的环境，可能是可选的，并且涉及对时间、地点、方式、原因、条件等的引用，通常由副词组或介词短语实现。

名化的概念功能体现在它代表人、事物、客体和逻辑关系的能力上。不同过程的参与者不是通过典型的名词词组实现的，而是通过名化的形式实现的。

（一）物质过程中的名化

物质过程，即"做"的过程，表达了某些实体在做某事的概念，通常以踢、跑、痛、挖、写、修、寄、给的词条为特征。此过程的典型参与者如下：

施事：人物正在激发或引起由动词表示的事件，如"Margaret is moving the grass"中的 Margaret。

推力：无生命的媒介，如"Lighting struck the oak tree."中的 lighting。

受影响的：动作指向的参与者（有生命或无生命），也称为目标。如"Ted kicked the ball"中的 ball。

实现的：得到的对象，如"The gardener dug a hole"中的 a hole。

接受者：针对某人的行为或接受该商品的人，如"They gave the children some sweets"中的 the children。

受益人：受其服务的人，如"Bill's father lent us his car"中的 us。

上面列出的是物质过程中涉及的六个参与者角色。实际上，并非所有参与者角色都要求出现在单个句子中。有时，仅出现一个参与者，而在其他时间，出现两个或更多参与者，分别如表 5-1-1、表 5-1-2、表 5-1-3 所示：

表 5-1-1　一个参与者过程

the prime minister	resigned
agent	pr: mmterial

表 5-1-2　两个参与者过程

Ted	kicked	the ball
agent	pr: material	affected

表 5-1-3　四个参与者过程

he	gave	me	a book	for my daughter
agent	pr: material	recipient	affected	beneficiary

但是，当对过程中的某些元素进行名化时，我们可能会将名化形式作为参与者而不是典型的名词词组。如表 5-1-4 所示：

表 5-1-4　参与者通过名化要素体现

the unhappiness	disappeared		
agent	pr: material		
he	gave	her	what she wanted
agent	pr. material	recipient	affected

但是，通常情况下，名化参与者是同一句子中过程名化的结果（表 5-1-5）。例如，

①a The witness described the suspect in great detail.

b The witness gave a detailed description of the suspect.

②a He did not answer this question

b He made no answer to this question.

表 5-1-5　过程名化为事物

the witness	described	the suspect	in great detail
agent	pr. material	affected	circ: manner
the witness	gave	a detailed description of the suspect	
agent	pr: material	affected	
he	did not answer	this question	
sayer	pr: verbal		
he	made	no answer	to the question
agent	pr: Material	affected	recipient

在这两个例子中，在 a 句，过程 described 和 answer 被名化为事 description 和 answer，且在 b 句中有参与者的功能。随着这种名化，很可能发生过程类型变化的大趋势，就像示例②一样，过程类型已从 a 中的口头转换为 b 中的物质。本节下一章将进一步讨论过程类型之间的转义。

（二）心理过程中的名化

心理过程，即"感觉"过程，表达了人们对某事物的感知、认知和情感。与物质过程中的动态动词相反，心理过程通常以看到、听到、知道、理解、喜欢和恐惧这样的状态词来表征。

至于参与者在心理过程中的角色，通常有一个有意识的参与者，我们可以称之为体验者或感觉者，即看到、感觉、思考、喜欢等的参与者。通常，在心理过程中还有第二个参与者，即被感知、被已知、被喜欢等的参与者，可以是事物、事实、过程或整个情况。该参与者可以被称为现象。（表 5-1-6）

表 5-1-6 心理过程的类型

Tom	saw	a snake
experiencer	pr: perception	phenomenon
children	like	cookies
experiencer	pr: affective	phenomenon
I	can't understand	his words
experiencer	pr: cognitive	phenomenon

心理过程名化参与者如下所示（表 5-1-7）：

表 5-1-7 有名化参与者的心理过程

he	knew	what speed us	
experiencer	pr: perception	phenomenon	
his resignation	amazed	everyone	in the office
phenomenon	pr: Affective	senser	circ: place
I	can't understand	their objections	
experiencer	pr: Cognitive	phenomenon	

其他过程通过名化转换成心理过程如下所示（表 5-1-8）：

表 5-1-8　由转义而成的心理过程

PRC	was founded	in 1949
goal	pr：material	circ：temporal
1949	saw	the founding of PRC
senser	pr：mental	phenomenon

（三）关系过程中的名化

关系过程是"存在"的过程，表达了成为某物或某人的概念。它们通常以 be、become、have、own、define、symbolize、last、include、contain 等动词来表征。小句中有三种不同类型的关系过程：

（1）强化：x 是 a。在这种类型中，两个项目之间的关系是相同点之一。一个是另一个。

（2）环境：x 位于 a。在这种类型中，项目之间的关系是时间、地点、方式、原因、问题或作用中的一项。

（3）所有：x 有一个。在这种类型中，两个项目之间的关系是所有权之一；一个实体拥有另一个。

这些关系过程中的每一个都有两种模式：

（1）属性：a 是 x 的属性。在这种模式下，属性归属于某个实体，涉及的两个元素是"属性"和"载体"。

（2）标识：a 是 x 的标识。在这种模式下，一个实体用于标识另一个。涉及的两个元素是"已识别"和"标识符"。

此过程的典型参与者是归因模式下的"属性"和"载体"，标识符及标识在标识模式下进行。

将三种类型的关系过程与两种模式结合起来，我们可以得到六种类型的关系过程，如表 5-1-9 所示：

表 5-1-9 关系过程的类型

mode / type	attribute			identifying		
intensive	peter	is	wise	peter	is	the monitor
	carrier	intensive	attribute	identified	identifying	identifier
circumstantial	peter	is	at home	peter	is	the tenth
	carrier	intensive	attribute	identified	identifying	identifier
possessive	peter	has	a car	the car	is	peter's
	carrier	intensive	attribute	identified	identifying	identifier

在关系过程中，参加者也可以通过名化形式体现（表 5-1-10）：

表 5-1-10 名化参与者的关系过程

what it tells you	is	the strength of the signal
identified	pr: Relational	identifier
that	is	what we are going to do
identified	pr: relational	identifier

通过名化，其他过程可以转换成关系过程（表 5-1-11）：

表 5-1-11 由转义而成的关系过程

he	preferred	coffee to tea
experiencer	pr: Mental	phenomenon
his preference	has been	coffee to tea
identified	pr: relational	identifier

（四）三个次要过程中的名化

上面提到的是三种主要类型的名化。除此之外，我们仍然需要识别其他三种次要类型：行为、言语和存在过程，以及它们中名化的使用。

1. 行为过程

行为过程是生理和心理行为的过程，例如 breathing、dreaming、smiling、coughing 等。此过程的核心参与者是行为者。在心理方面，动词如 look、watch、listen、think 是这一过程的特点；在物质方面，动词如 sing、 skate、laugh 是这一过程的特点。（表 5-1-12）

表 5-1-12　行为过程的例子

she	sang	a song
behaver	pr: behavioral	range

通过名称化实现的行为或范围是伴随分化的行为过程（表 5-1-13）：

表 5-1-13　伴随名化的行为过程

she	laughed	an embarrassed laugh
behaver	pr: behavioral	Range

2. 言语过程

言语过程是"说"的过程。在这里，"说"一词的使用范围很广，涵盖了任何种类的意义的象征交换，通常通过如动词 say、tell、question 和 ask，或者更具象征性的动词 by praise、insult 来体现这一过程的特点。sayer、receiver 和 verbiage 是此过程的可能参与者，也可以通过名化形式形式来实现。如表 5-1-14 所示：

表 5-1-14　有或无名化言语过程的例子

he	asked	me	a difficult question
he	asked	me	whether I enjoyed the party
sayer	pr: verbal	target	verbiage

3. 存在过程

存在过程，即"存在"过程，表示存在或发生某事。它们通常以 be 动词和其他表示存在的动词为特征，如 exist 和 arise。此过程涉及两个元素：there 和 existent。小句中的单词"there"没有代表性功能，它因为主体的需要而存在。存在是指在存在小句中动词后面的名词词组。在大多数情况下，这部分都是通过名化形式实现的。（表 5-1-15）

表 5-1-15　名化作为存在的存在过程

there	was	an angry debate
there	was	a ramp leading down
	pr: existential	existent

第二节　名化和人际功能

一、名化的认知—人际功能

在人际功能中，语言的使用使我们能够与他人进行交流，能够扮演角色并能够表达和理解感觉、态度和判断。人际功能与该小句相对应，可作为交换。人们使用语言来交换两种商品：商品和服务；信息。小句在商品和服务交换中的语义功能是一个建议；小句在信息交换中的语义功能是一个命题（Halliday, 1994）。名化通常用于形式文本中，尤其是在科学语篇中，因此它经常出现在命题中。此外，商品和服务的获取要先于信息的获取，这与等价形式和隐喻形式的顺序是一致的。

人际交往功能是通过语言的语气结构来实现的。语气结构包括两个部分，即语气和残余部分。语气由主体和有限部分组成。如表 5-2-1 所示：

表 5-2-1　语气结构

her execution	is	scheduled for Sunday
we	will	execute her on Sunday
subject	finite	residue
mood		

从表中可以看出，隐喻形式和全等形式之间存在三个差异：

当由"will execute"转移到"this execution"时，有限部分将被省略。这意味着省略了主要时态和情态。也就是说，通过使用名化，该命题可能不再具有与时间项目中特定的言语事件相关的争论。此外，该提议不再被认为是可能或不可能、期望或不期望的。这种行为经历了去个性化的过程，从而增强了客观性的效果。

全等形式的剩余部分"execute her on Sunday"有时被称为命题，可以被质疑或否定，例如，"——Will you? ——Yes, we will. ——No, we won't."。但是，当它转换成名化的"her execution"时，它就成为一个实体或预设，这是无可争议的。换句话说，极性功能随着主体和有限部分的缺失而消失,并且命题的权威性得到了加强。

从评估的角度来看,名化可以掩盖评估的起源,并达到客观性的效果。此外,名化可以进一步被评估,例如,he is lovely—his loveliness→his indescribable/ arresting/ stunning loveliness 等(Eggins & Slade, 1997: 127)。

人际交往功能是由语境因素决定的,叫作语调。Poynton(1985)进一步将语调分为力量、接触和受影响的参与。Fowler(1991: 80)举了一个例子,例如,"Edwards Tells BL Union That Strike Would Bring Closure."(Edwards = BL 的主席, BL = 英国利兰工厂)。将"strike"和"closure"名化,努力使读者留下的印象是工会而不是经理或者爱德华兹。

二、语气结构中名化的体现

人际功能可以进一步分为两个子部分:交互和个人。前者处理与说话者如何与他人互动有关的因素,而后者处理与说话者自身对意义贡献有关的特征,它们分别通过语气结构和情态模式在语言中实现。

(一)语气结构中的名化

语气结构由两个部分组成:语气和剩余部分。语气也可以分为两个部分:主体和有限元素。主语可以是一个名词词组,且无限元素是少数表达时态(如 is、has)或情态(如 can、must)的言语运算符之一。这部分的顺序变化引起了不同的语气:陈述性、疑问性、命令性语气。当主语和有限元素组合在一起形成语气时,小句的其余部分称为剩余部分,它由三种功能要素组成:谓语(减去时间或模态运算符的言语词组)、补语和附加语。如表 5-2-2 所示:

表 5-2-2 语气结构

the duke	(did)	"give" my aunt a teapot
the duke	won't	give away that teapot
that teapot	wasn't	given away by the duke
subject	finite	
mood		residue

因为语气主体通过名化的形式实现,所以有时候这个过程会产生名化

形式。（表5-2-3）

表5-2-3　语气中的名化

to argue with the captain	was	for trouble
ignoring the problem	won't	make it go away
that all wealth might some day be hers	had	simply never occurred to her
subject	finite	
mood	residue	

不仅语气中的主语可以通过名化形式实现，补语和残余的附加语部分也可以通过这种方式实现。（表5-2-4）

表5-2-4　剩余部分的名化

the project	did	"become"	a total failure
we	had	been protected	from criticism for many years
subject	finite	predicator	adjunct
mood	residue		

（二）情态的名化

说话者可以通过对句子的主要命题内容发表评论并做出反应来参与对话。因此，他将对内容进行可能性评论，如"John has probably forgotten"."Maybe John has forgotten."。意义的特指方面是通过情态系统来描述的。

1. 情态

Halliday将或然性等级划分为一个系统，在该系统中，首先将中心术语"probable"与外部术语"possible"和"certain"进行对比，如图5-2-1所示：

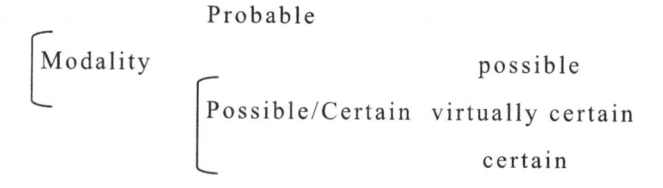

$$\text{Modality} \begin{cases} \text{Probable} \\ \text{Possible/Certain} \begin{cases} \text{possible} \\ \text{virtually certain} \\ \text{certain} \end{cases} \end{cases}$$

图5-2-1　对比

情态可以进一步划分为情态意义和情态化。

情态元素可以通过多种句法形式来表现，包括名化形式：

动词（情态动词）：may、might、can、could、will、should、must 等；

副词：maybe、possibly、perhaps、conceivably、probably、presumably 等；

形容词：possible、likely、probable、obvious、certain、definite 等；

名词（有些是名化形式）：chance、possibility、likelihood、probability、certainty 等。

2. 观点和态度

除了对说话者对话语内容的或然性进行评估之外，个人子部分还要处理说话者对话语内容的评论或态度。

这个方面通常通过两种不同的批注性状语来实现：风格和态度。风格批注特定一个人讲话的用语，它可以分为三类：

说话者心理导向术语：candidly、frankly、honestly、seriously 等；

说话者概括性术语：broadly、crudely、roughly 等；

其他参考性术语：literally、metaphorically、personally 等。

态度类批注性状语对说话者说话内容做出评论。在这种情况下，它们可能分成两个主要词组，仅对小句内容作出评论。包含以下批注性状语：

内容让人模式或意想不到的：amazingly、astonishingly、strangely、remarkably 等；

内容是恰当的或可预期的：appropriately、inevitably、naturally、predictably、typically、understandably 等；

内容引起满足或不满足的：refreshingly、delightly、annoyingly、disappointingly、regrettably 等；

内容不同于上文所提到的：conveniently、preferably、thankfully 等。

但是，有时候我们也通过名化表达自己的观点和态度，例如：

①He said this with little seriousness.

②A bilious philosopher's opinion of the world can only be accepted with a pinch of salt, of Epsom salt by preference.

③I'm here, without forgetness, without regret, only with thankness.

第三节　名化和篇章功能

一、名化的认知—篇章功能

在篇章功能中，语言用于将所说（写）的内容与现实世界及其他语言事件联系起来。这涉及使用语言来组织文本本身。

在上一节中，我们讨论了名化的概念功能和人际功能。这些功能取决于名词词组的概念源泉——通过迭代修改模式进行扩展的潜力。此外，名化还取决于名词词组源泉的系统性作用。相反，它们成为整个语义空间的子系统的一部分，该语义空间构成了语法的体验域。

但是，如果没有推理的话语，技术性本身没有什么价值：以实验科学的原型形式，基于观察和逻辑发展来构建论证流。例如：

  If the Humors of the Eye by old Age decay, so as by shrinking to make the Cornea and Coat of the Crystalline Humor grow flatter than before, the Light will not be refracted enough, and for want of a sufficient Refraction will not converge to the bottom of the Eye but to some place beyond it, and by consequence paint in the bottom of the Eye a confused picture, and according to the Indistinctness of this Picture the Object will appear confused. This is the reason of the decay of sight in old Men, and shows why their Sight is mended by Spectacles. For those Convex glasses supply the defect of plumpness in the Eye, and by increasing the Refraction make the Rays converge sooner, so as to convene directly at the bottom of the Eye if the Glass have a due degree of convexity. And the contrary happens in short-sighted Men whose Eyes are too plump.

  ——From Opticks, or a treatise of the reflection, refraction, infections and colors of light (Isaac Newton, 1997: 15-16)

这段文字中包含许多从一个过程到另一个过程的推理实例。基本上以全等形式表示，其中包括小句中解释的过程及通过连接符充当连接词形成的逻辑语义关系：if、so as to、for、why、by。但是，某些推理依赖于不同的语法源泉，如以下几对措辞所示：

①make... grow flatter than before：supply the defect of plumpness
②will not be refracted enough：for want of a sufficient refraction paint...
③a confused picture：according to the indistinctness of this picture

在每个例子中，我们都首先看到一种从句形式；然后，当再次提出进一步论证时，它就被名化了，过程或质量由一个作为事物的名词来隐喻地解释。defect (of Plumpness)、(sufficient) Refraction、Indistinctness (of this Picture)——其他元素作为其修饰语包含在名词词组中。将此与一个现在示例进行比较：

If electrons weren't absolutely indistinguishable, two hydrogen atoms would form a much more weakly bound molecule than they actually do. The absolute indistinguishability of the electrons in the two atoms gives rise to an "extra" attractive force between them.

——David Layzer：Cosmogenesis，1990：61

名化在这里具有话语功能：它促进了论证的动力。同时，在解释人类经验的实例时，语法也必须通过创造话语流来自我解释。

这通常称为"信息流"；但是这个术语赋予概念意义以特权，而话语流既有人际意义也有概念意义。引起这种流动话语的语法的元功能部分是"篇章"（Matthiessen，1992，1995）。

二、主位结构和信息结构中名化的体现

（一）主位结构中名化的体现

主位组织表示概念性组成部分的元素作为信息进行组织的方式。Halliday（2000）认为，信息是由"主位"和"述位"结合而成的，这是主位结构中的两个基本要素。子句的主题是说话者或者作者在该句中的"出发点"。它是由第一子句组成部分实现的，剩余信息构成了述位。如表5-3-1所示：

表 5-3-1　主位结构

I	can't stand the noise
the book	I like very much
frankly	I'm amazed
theme	rheme

在主位结构中，主位和述位都可以通过名化的形式实现（表 5-3-2、表 5-3-3）：

表 5-3-2　名化作主位

assessment and evaluation	are increasingly based on the performance of communicative acts
what the duke to my aunt	was a teapot
theme	rheme

表 5-3-3　名化作述位

the experiment	was a great failure
theme	rheme

总的来说，在主位——述位结构中，主位是主要成分。但是，有时候，句子的焦点会转移到述位。如果名化能够实现述位，那述位也会变成主要的成分（表 5-3-4）：

表 5-3-4　名化作主要述位

the teapot	was what the duke gave to my aunt
theme	rheme

（二）名化和信息结构

信息系统与篇章如何组织并传达信息有关。它以信息单位为基本元素，由两个功能组成：新信息和已有信息。新信息在已有信息之前是未标记的情况。已有信息指的是前文中提到的内容，或世俗的知识，而新的信息指的是意料之外或相反的内容。从这个意义上讲，信息结构中的新元素是必不可少的，并且会引起更多关注，而已有元素是可选的，但重要性不那么高。映射到子句语法上的信息单元可以与一个子句共同扩展，但也可以小于或大于子句。如表 5-3-5 所示：

She will decide next week.

Doctor, I'm very anxious.

表 5-3-5　扩展

given ⟶ new

在信息结构中，已有信息和新信息都可以通过名化形式实现（表5-3-6）：

表 5-3-6　信息结构

the teapot	was what the duke gave to my aunt
given	⟶　new

（三）信息结构和主位结构

信息结构和主题结构之间存在紧密的语义关系。在许多情况下，说话者会从已有的信息中选择主位，然后在述位内定位新的焦点，即在已有信息里找主位，在新信息里找述位。但是"已有信息+新信息"和"主位+述位"不是同一回事。主位是说话者选择作为出发点的基础，已有信息是听众已经知道的信息。因此，主位+述位是面向说话者的，而已有信息+新信息是面向听众的。这意味着这两个结构有时重合，有时不重合。考虑到名化，这种相互作用可能如表5-3-7所示：

表 5-3-7　信息结构和主位结构

what it tells you	is the strength of the signal	
given	new	
theme	rheme	
a great failure	the experiment was	to the research group
new	given	new
theme	rheme	

（四）名化作为重要的连链接手段

链接是篇章或句子中的语法和词汇关系。链接可以被定义为将篇章连接在一起并赋予其含义。

链接主要有两种类型：语法的衔接，指的是结构内容；词汇的衔接，指的是作品的语言内容。在《英语中的衔接》一书中，Halliday 和 R. 哈桑（R. Hasan）确定了可在文本中产生连贯性的五个通用类别的链接手段：指称、省略、替换、词法链接和连接词语。例如：

①Wow, you've got a huge house. I didn't expect *it* to be so big. （指称：it = a huge house）

②My car is too small; I think I need a big *one*. （替换：one = car）

③His family has three children, and he is *the brightest*. （省略：the brightest = the brightest child）

④As of today, I am fed up with the *food* served in the campus dining hall... I bit into a *hamburger* to find myself staring at a long strand of grey hair that trailed out of the *meat*, through the *mayonnaise*, and over the edge of the *bun*... （词汇链接：food——hamburger、meat、mayonnaise、bun）

作为一种重要的词汇链接手段，名化通过主位—述位演变来提高话语的连接性，胡壮麟（2005）总结了主位—述位推进的五种类型：

（1）第一句的主位作为第二句的主位，"T1（主位1）→T2（主位2）"；

（2）第一句的述位作为第二句的述位，"R1（述位1）→R2（述位2）"；

（3）第一句的述位成为第二句的主位，"R1（述位1）→T2（主位2）"；

（4）第一句的主位成为第二句的述位，"T1（主位1）→R2（述位2）"；

（5）第一句的主、述位结合成为第二句的主位，"T1（主位1）+ R1（述位1）→T2（主位2）"。

名化作为句子链接的工具，主要有两种模式，"R1 → T2"或者"T1+R1→T2"。

在"R1 → T2"中，这个过程将被名化，并且围绕该过程（有时带有补充）的子句的含义可以被视为一种"事物"，它可以充当另一个过程的参与者。例如，

⑤Because heavier isotopes tend to be left behind when water evaporates from the ocean surfaces, the remaining ocean water becomes progressively *enriched* in oxygen 18. The degree of *enrichment* can be determined by analyzing oceans sediments of the period.

⑥...early products of weathering are *transformed into sedimentary rock*... the *transformation of sediments into rock* is called lithification.

———范文芳（1999）

在这两个例子中，"enriched"和"transformed（into sedimentary rock）"被名化成"enrichment"和"transformation（of sediments into rock）"，作为下面句子的述位。

有时，一段话语可以被名化，并在新的子句中充当主位。因此，我们在形式文本中找到了一个相当普遍的模式，即将含义作为子句（主位+述位）引入，然后将其用在名化中，该名化用作下一个子句的起点，从而产生了主位进展模式"T1 + R1→T2"。这样，说话者可以逐步引导论点。例如，

⑦Last night, *electricity was discharged*, and the system broke down. *The electricity's discharge* created a little alarm among the workers for they had not been informed of this in advance.

在此，将前一句中的主位"electricity"和述位"was discharged"转换成名词词组，作为第二句中的主位。

从上面的说明中可以看出，名化在信息衔接方面起着非常重要的作用，我们将此功能归因于其对已有信息和新信息进行线程化的能力。

第六章 名化和语法隐喻

自亚里士多德时代以来，人们对隐喻进行了大量的研究。虽然大多数的研究都是从修辞的角度着手的，关注的主要是词汇的变化，但是人们意识到语法，也就是我们用来解释人类活动经历的方式，也可能是隐喻的。"修辞迁移中存在很强的语法成分；一旦我们认识到这一点，我们就会发现还有语法隐喻这种东西"（Halliday，2000：342）。"这是对既定意义的不一致使用的过程，而这一过程涉及语法单位从一个语法域向到另一个语法域的转移使用"（范文芳，2001）。现在，语法隐喻已经成为普遍隐喻现象的一种特殊类型。

第一节　语法隐喻的认知功能观

一、自下而上和自上而下的语义实现过程

隐喻通常用来描述词义的变化：一个词被用来表达一个被转义的意义。而在语法隐喻这一观点中，隐喻被认为与表达某种词义的使用方式有关，而"隐喻意义"一词被当作"字面意义"的反义词。如图6-1-1所示：

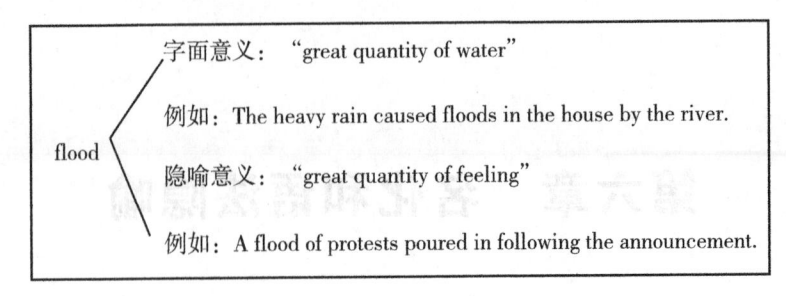

```
         ┌─ 字面意义："great quantity of water"
         │
         │  例如：The heavy rain caused floods in the house by the river.
  flood ─┤
         │  隐喻意义："great quantity of feeling"
         │
         └─ 例如：A flood of protests poured in following the announcement.
```

图 6-1-1　一个单词的字面意义和隐喻意义

图 6-1-1 显示了我们将隐喻理解成表达既定含义的字面意义的变化。如果我们将相关元素分别置入语义层、词汇语法层及音系层这三个层面来重塑这一含义，我们不难发现隐喻意义的实现过程是自下而上的。（图 6-1-2）

语义	a great quantity of water（字面意义）	a great quantity of feeling（隐喻意义）
词汇语法	flood	
语音		

图 6-1-2　隐喻解码的自下而上的过程

然而，系统功能主义者从另一个角度来看待隐喻，它不是问"这个词是什么意思？"而是"这个意思是如何表达的？"从这个意义上说，隐喻可以看作是表达某种意义的方式的变化。也就是说，当我们想要表达一个给定的意思时，我们可以选择用不同的词或形式来表达它。因此，如果我们试图用系统功能主义者的观点来表示图 6-1-1 和 6-1-2 中同一个例子的隐喻形式，我们可能会得出以下结论（图 6-1-3）：

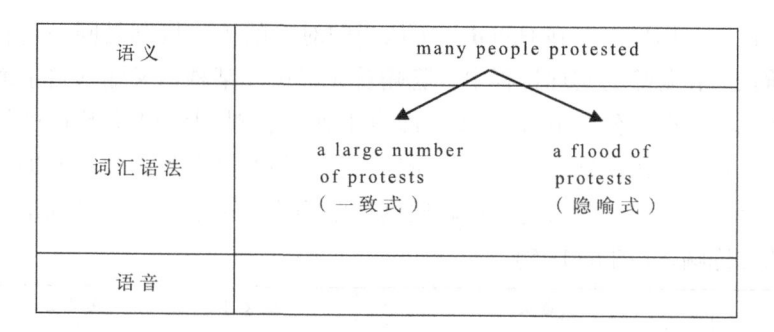

语义	many people protested	
词汇语法	a large number of protests （一致式）	a flood of protests （隐喻式）
语音		

图 6-1-3　隐喻解码的自上而下的过程

正是通过这种自上而下的隐喻解码过程，系统功能主义者才能感知和理解语法隐喻。

二、语法隐喻的认知功能观

以上分析似乎表明词汇隐喻和语法隐喻相互矛盾。事实上，我们可以通过那些能够帮助我们进行交流探讨的学术研究来解决这个问题。

语言交流是一个不断编码和解码的过程：当我们想与他人分享时，我们必须先在头脑中有一些想法，然后必须把它放入相应的语法和词汇项中。这是一个编码的阶段，当听者得到信息时，他们必须把单词和结构翻译成意义，这样才能很好地理解。这个过程被称为解码。这个过程会随着我们的交流继续下去。（图 6-1-4）

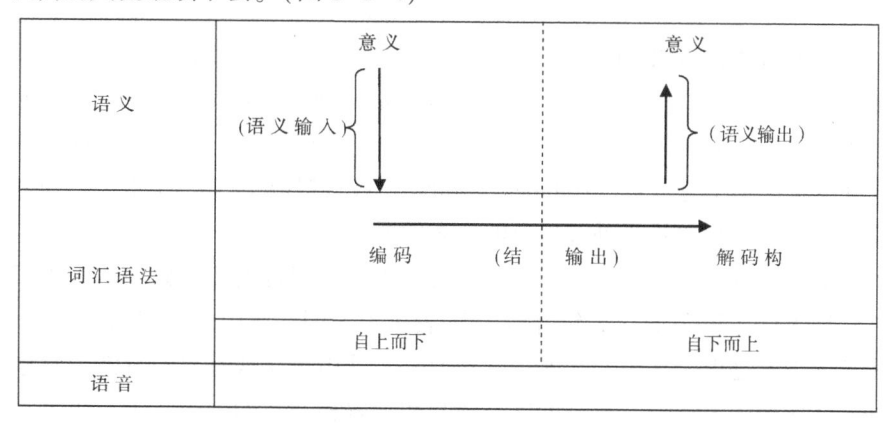

语义	意义 （语义输入）	意义 （语义输出）
词汇语法	编码　　（结　输出）　解码构	
	自上而下	自下而上
语音		

图 6-1-4　交流的过程

因此，我们可以看到 Halliday 所认为的对立的工作机制是同一过程的两个阶段。在隐喻的实现过程中，隐喻首先经历了某种语义输入自上而下的词汇语法编码。然后在下一步，即自下而上，对词汇语法形式进行解码，产生适当的语义输出。在第一阶段，相同的意义会暴露在不同的词汇语法选择中，而第二阶段的结构解码则使隐喻成为可能，无论是词汇隐喻还是语法隐喻。（图 6-1-5）

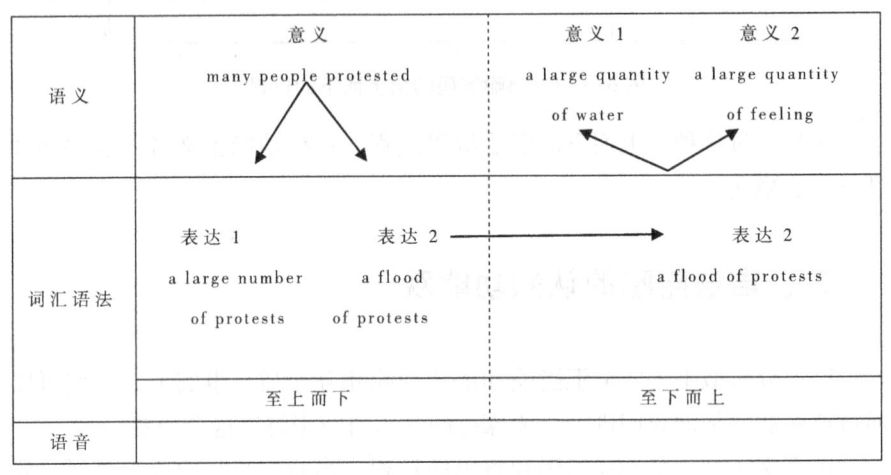

语义	意义 many people protested	意义 1 a large quantity of water	意义 2 a large quantity of feeling
词汇语法	表达 1 a large number of protests	表达 2 a flood of protests	表达 2 a flood of protests
	至上而下	至下而上	
语音			

图 6-1-5　隐喻的实现过程

三、意义表达的一致性

如上所述，语法隐喻是"通过词汇语法形式表达一种意义，这种形式最初是为了表达另一种意义的"（Thompson，2000：165）。这种变化是词汇语法上的，而不仅仅是词汇上的。从这个意义上说，"字面性"这个概念在这里并不十分合适。Halliday（1985：321）提出了"一致性"一词来表示"直觉上更接近于外部世界的事态发展"的意思。

语法可以用来联系语言符号和现实世界，人们将现实世界中的一级实体/事物表示为名词，二级实体/过程表示为动词，或用名词表示参与者，用动词表示过程。这些表达现实世界的方式是用来反映世界的自然逻辑序列，从而被认为是与人类对世界的感知和理解相一致的。语法中有很大一部分内容属于这种类型，这种表示被称为意义表达的一致性。

四、语法隐喻中的意义不一致性

说话者并不总是能找到完全符合预期目的的表达方式。针对这个问题，说话者可以创建新的表达方式或扩展已有的表达方式。"在语法发展过程中，创造新的表达方式是非常有限的，而扩展已有的表达方式则是赋予语言新颖性的主要途径。现有表达的扩展是通过语法结构的不一致性来实现的，即通过将语法结构从一个语法域转移到另一个语法域"（范文芳，1997），也就是从原型语法范畴转移到另一个语法范畴。因此，为了充分表达概念意义和人际意义的结合，说话人可以用"请你为我打开窗户好吗？"在要求服务的同时也寻求信息。同样，在直白式表达中，参与者通过名词组实现，过程由动词组实现。相比之下，在不一致的语法实现过程中，我们可以使用动词组来实现参与者，使用名词组来实现过程。

由于名化涉及从其他语言形式到名词形式的转换，因此使用名化来表示人、物及对象是语法隐喻的一个重要手段。

第二节 名化作为语法隐喻的重要手段

Halliday（2000：352）指出："名化是创建语法隐喻的最强大的手段。通过这种手段，过程（一致式中用词为动词）和属性（一致式中用词为形容词）被隐喻为名词；它们不再是作为过程或属性发挥作用，而是充当名词词组中的事物。"Halliday对于名化的讨论尤其适用于概念语法隐喻。

一、概念语法隐喻中的名化

（一）通过名化实现概念隐喻

概念语法隐喻是指语言的概念功能的非一致性体现，它是由过程、参与者和环境构成的概念成分来实现的。在一致式情况下，过程由动词短语实现，参与者由名词性短语实现，环境由副词或介词短语实现，如下图所示：

一致式：过程——→动词短语
　　　　参与者——→名词短语
　　　　环境——→副词/介词短语

然而，当出现名化时，参与者的一致式体现将从名词性短语变为名化形式。两种体现上的差异可以通过表6-2-1说明：

表6-2-1　参与者的一致式与非一致式实现过程

	congruent 一致式	incongruent 隐喻式
participant 参与者	nominal group 名词性短语	nominalized form from： verbal group 动词短语 adjectival group 形容词短语 adverbial group/ prepositional phrase 副词/介词短语

我们可以很容易地看出，过程、属性和环境都可以转化为事物，通过名化转换为参与者在句子中发挥作用。

1. 把过程看作事物

这种转义使用可能是最常见的概念语法隐喻类型。在一致式的实现形式中，过程应该由动词来实现。但在隐喻式/非一致式的实现形式中，过程可以表示为事物，例如：

①a Many people have criticized this idea.

b This idea has been subject to widespread criticism.

比较这两个例子，我们发现在例①a 句中，言语过程是由动词 criticize 来实现的，而在 b 句中，"过程"被名化成一个事物，充当小句中的参与者。

2. 把性状看作事物

在一致式中，事物的属性是由形容词体现的，而在非一致式中，则可以由名词来体现，这就是说，讲话者把属性看作事物，例如：

②a This machinery is becoming less useful.

b The usefulness of this machinery is dwindling.

在例②a 中，useful 是参与者（载体）machinery 的属性，但在 b 中，这一属性通过名化表现为参与者的形式，同时，原始载体成为其转移修饰语，在小句中的作用也变得不那么重要。

3. 把环境看作事物

一般情况下，从句中的状语会被看作环境，但当它们名化时，环境就转变为事物，例如：

③a In 2008, the world was disturbed by the great financial trouble.
b The year 2008 witnessed the disturbance of the great financial trouble.

在这里，例③a中的时间状语在例③b中被名化为事物，充当感知者。

4. 把逻辑看作事物

小句中的逻辑关系是通过 and、but、so、or 和 for 等连接词实现一致性的。但有时，这些关系也可以通过名化表达为"事物"，例如：

④a At first, he was against it, but later he became a supporter.
b He had a shift in mind from a con to a pro.

在这个例子中，a 表现了由 but 表示的逻辑关系的过渡/转换，b 句中 shift 一词将其名化为"事物"，从而在小句中充当参与者。

（二）概念隐喻名化的工作机制

1. 概念隐喻名化的选择过程

通过名化实现概念隐喻功能的非一致性不是一蹴而就的，而是由三个步骤构成，这三个步骤组成一个完整的过程。讲话者必须按照下列次序先后作出三种选择（Halliday, 1993）：

（1）选择过程的类型：这个步骤决定我们会选择哪个过程来表达意思。它可以是我们上面提到的6个过程中的任何一个：物质过程、心理过程、关系过程、行为过程、言语过程或存在过程。

（2）选择与某个过程有关的及物系统的功能成分：这一步骤解决及物结构的安排问题，即过程+参与者+环境。根据不同类型的过程类型，及物结构可以细化如下：

第一步，物质过程，即物质过程+动作者（：目标）+环境
第二步，心理过程，即心理过程+感知者：现象+环境
第三步，关系过程，即关系过程+载体/标志：属性/标识符+环境
第四步，行为过程，即行为过程+行为者+环境
第五步，存在过程，即存在过程+存在+环境
第六步，言语过程，即言语过程+说话者（：目标）+环境

（3）选择体现这些功能的词类：这一步涉及词汇语法层，将意义编码

成相应的动词组、名词组、状语组、介词短语和各种子类词组。

显然,第三步涉及名化,但更多的时候,名化是前两步的结果。例如,在谈到中华人民共和国成立时,我们倾向于选择物质过程,将及物性结构配置为过程+目标+环境,然后将其编码为动词组+名词组+介词组。因此,我们有:

⑤a The People's Republic of China was founded in 1949.

然而,如果我们选择用心理过程来表达同样的想法,那么及物性结构很可能会变成"过程+感知者:现象",具体表现为名词组+动词组+名词组。这些选择的变化带来了示例b:

b 1949 saw the founding of the People's Republic of China.

在这里,我们使用了"the founding of PRC"这一名化形式,它在句子中起着参与者的作用,而不是a中的过程,因此产生了概念语法隐喻。

这一过程也被称为概念语法隐喻的共现。"第一个层面的过程类型的选择往往会对其他两个层面产生连锁反应。"(范文芳,2005)上述例子表明,当我们选择通过心理过程而不是一致的物质过程来表达"建立"的意义时,另外两个步骤会发生变化,这些变化可以说是相当自然且不可避免的,所以变成了名化。

有时,过程类型不变,但不同的及物功能配置也会导致名化。例如,

⑥a The witness described the suspect in great detail.

b The witness gave a detailed description of the suspect.

例⑥a和b都是物质过程,a的及物性结构是过程+参与者(演员:目标)+环境,而b是过程+参与者(演员:目标)。比较例⑥a和b,我们发现正是这种及物性结构的差异使得名化成为可能。

2. 名化的双重/多重含义

名化一旦发生,语法形式就会同时实现两个语义特征:一是与隐喻形式本身——作为一个事物相一致的,这是隐喻性的,是显性的;另一个是与作为过程、属性或环境的一致形式相一致的,这是具有一致性的且表达含蓄。

名化的双重语义特征表述如图6-2-1所示:

nominalization
{
semantic feature as participant (overt, metaphorical)
作为参与者的隐喻特征（显性的、隐喻的）
semantic feature as process/attribute/circumstance (implicit, congruent)
作为过程/属性/环境的语义特征（隐性的、一致的）
}

图 6-2-1　名化的双重语义特征

Halliday 更加清楚地说明了通过名化实现的语义特征组合，如表 6-2-2 所示（范文芳，2005）。

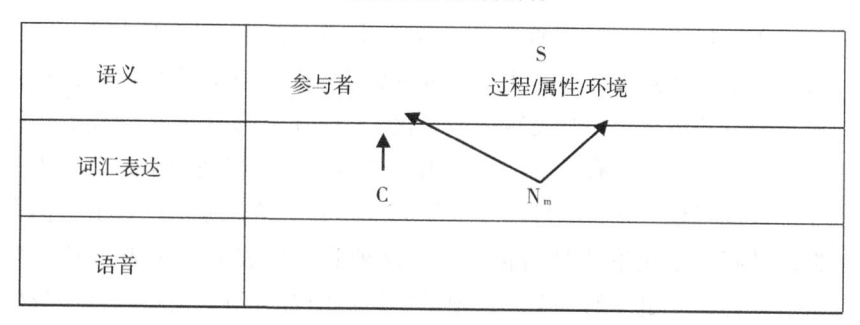

表 6-2-2　名化的语义复合解释

语义	参与者	S 过程/属性/环境
词汇表达		C　　　N_m
语音		

当然，在有些情况下名化可以表达两种以上的意思。例如，

⑦a At first, he was against it, but later he became a supporter.
b He had a shift in mind from a con to a pro.

shift 是一种名化形式，它不仅隐喻了事物的功能，充当了从句的参与者，而且还表明了转换的逻辑关系，而且具有过程一致的意义。所以在这种情况下，三个语义特征同时实现。

3. 概念语法隐喻的名化工作机制

基于系统功能主义者自上而下的隐喻解码过程，我们可以画出一个流程图来展示名化从语义输入到语义输出的工作机制（表 6-2-3）：

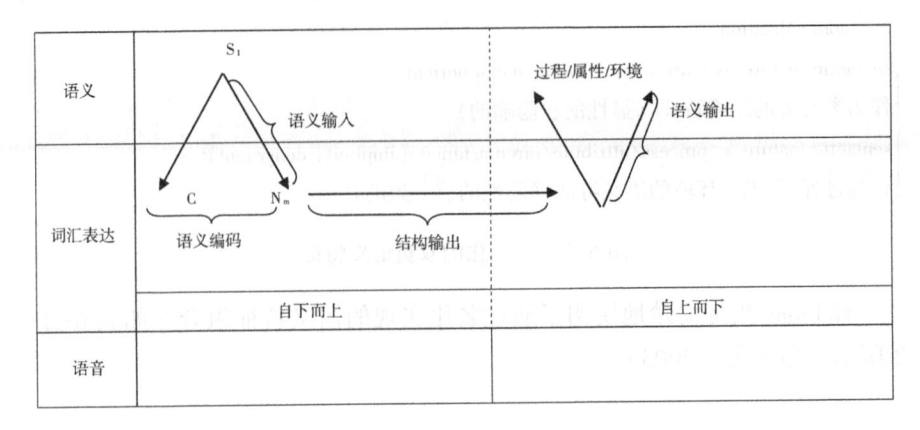

语义	S₁ → 语义输入	过程/属性/环境 ↑↖ 语义输出
词汇表达	C Nₘ 语义编码	结构输出
	自下而上	自上而下
语音		

表 6-2-3　概念语法隐喻工作机制流程图

工作机制表明我们首先有一个自上而下的语义实现过程。在这一阶段，我们接触到不同的方式（一致的或隐喻的）来体现同一个意思，选择哪一种方式将决定一个表达是否名化。一旦我们做了选择，我们将得到已编好码的含义，并有一个结构输出。然后，我们将经历第二个过程，即自下而上的过程，在这个过程中，我们试图分析结构输出。如果我们在第一阶段选择的结构形式是名化，那么这种隐喻性表征除了表达其显性意义外，还传达了更多的含义。这种显性传达的意义与名化形式是一致的，而隐性传达的意义（表示为 S1）与一致形式是一致的。

名化的工作机制实际上具有更广泛的意义。语法意义在很大程度上是通过自上而下的语法形式来编码的。然而，修辞往往倾向于自下而上的过程，是关于如何使用某种语法形式的。这一工作机制不仅适用于概念语法隐喻中的名化，也适用于人际隐喻中的名化，以及下文将讨论的语篇隐喻中的名化，因此，从更广泛的角度说，它适用于整个语法隐喻。

二、名化和人际隐喻

（一）人际隐喻

人际隐喻包括语气隐喻和情态隐喻。语气隐喻指的是语气与话语角色的不一致性。正如前面所提到的，人类语言可以实现四个基本功能：陈述、提问、提供和命令。这些功能是通过句子语气的选择来实现的，包括陈述语气、疑问语气和祈使语气。一般情况下，"陈述"功能由陈述语气

体现，"提问"功能由疑问语气体现，"提供"和"命令"功能由祈使语气体现。但是语气的选择和言语角色并不总是一致的，例如，

⑧ "——He hasn't come yet?" "——No."

疑问句大多与疑问语气有关。但这个例句使用了陈述语气提出问题。因此，这里的陈述语气实现了语气隐喻及获取信息的言语功能。

然而，这种类型的语法隐喻很少涉及名化的使用，因此不在本文的研究范围之内。

另一种类型的人际隐喻是情态隐喻，名化经常出现在这类语法隐喻中。情态是指是与否之间的意义领域，也是处于肯定与否定两极中间的领域（Halliday，2000：356），通过与概率、频率和倾向相关的情态动词外加状语来体现。但有时，我们可能会选择非一致式的方式来表达情态，使语气变得更具有主观性或客观性，从而削弱甚至消除阶级性。例如，

⑨a He might not come.

b I don't think that he will come.

这是一种非常常见的人际隐喻。在这种情况下，说话人没有将某人愿意或不愿意做某事的可能性的观点编码为句子中的情态成分，而是在 b 句中将"I don't think…"的主从复合体中作为一个单独的映射小句。它提供了明确的个人观点，因此语气比使用情态成分 might not 更加肯定。

（二）人际隐喻中的名化

人际隐喻中的名化使情态更具有真实性和客观性，从而减弱了情态系统中的阶级性。

1. 实现为现实的可能性

概率指某事发生的可能性，但它实现为"事实"时，就会更具客观性，且阶级性减弱。

⑩a He might not come.

b The possibility of his presence is small.

例⑩b 句使用了 possibility 这一名化形式，并因此帮助建立了"事实"，使语气更加客观。如果它是一种"事物""事实"，阶级性便会减弱。这与 Halliday 的观点一致："严格来说，情态的显性主观和显性客观形式都是隐喻性的，因为它们都把情态表征为实质性命题。"（Halliday，1994：356）因此，在这个例子中，概率与借助情态动词 might（not）的一致性体现表达着相同的意义，实现了情态隐喻。

2. 实现为现实的频率

频率指的是某事或某种行为多久发生一次。在一致式情况下，频率是通过以下这些情态副词实现的，如 sometimes、often、frequently、usually、always 等。但有时，也可以通过名化来实现，例如：

⑪a He is absent frequently, which makes the teacher very annoyed.

b His frequency of absence annoys the teacher very much.

在这里，⑪b 句中名化的使用表明这个学生有旷课的习惯，这已是不可否认的"事实"。因此，老师有充分的理由对他感到愤怒。

3. 实现为现实的评估

评估是估计或确定某事的价值的行为。在一致式中，评估是由情态动词或情态副词来表达的。但在隐喻式中，可以用一个名词来表示，如例⑫b 所示：

⑫a I achieved what I could.

b I achieved my potential.

情态副词不仅在意义上不同，而且在说话人的态度上也存在差异。然而，所有这些情态动词在语体上都是口语化和非正式的。相比较而言，它们对应的名化听起来更正式，因此也更加客观。这种差异会导致产生不同的人际意义，从而影响说话人和听话人之间人际关系的建立和维持，也影响着言语交际目标的实现。

4. 实现为现实的态度

态度会体现我们对待其他人或物时的心理状态或感受，当态度实现为"事实"时，语气会进一步得到增强或减弱。

⑬The determination to succeed made her ruthless.

在这个例子当中，determination 成了"事物"，表示不能够被更改。这种客观性的强化有助于解释为什么她在追求目标的过程中变得冷酷无情。

可以用来表达情态的名化包括：possibility、probability、likelihood、certainty、unusualness、regularity、typicality、intention、desire、determination、need、obligation、regulation、compulsion 等。通过名化，情态被构建为一个毋庸置疑的"事实"，即情态是用显性客观的方式来表达的，因此不那么具有阶级性。例如：

⑬ We don't really know what causes this inefficient nursing or the prompt waking. One possibility is that the babies' nervous system and digestive system are not yet working well enough.

⑭The likelihood of a united Franco-German move to introduce a single currency makes it imperative to start our opposition early.

⑮There's no need for us to start yet.

(Yao, 2003: 50)

三、名化与篇章隐喻

(一) 篇章隐喻

对于篇章隐喻，Halliday 并没有将其纳入他对语法隐喻的研究范围内。(Thompson，2000：176) 但胡壮麟 (2000)、黄国文 (2000)、朱永生 (1994)、范文芳 (2005)、Thompson (2000) 等人的研究表明，这种类型的语法隐喻的确存在。无论如何，我们需要不同的方式来表示相同的信息。

根据范文芳 (2001：162) 的定义，篇章隐喻是指："通过名词、语篇指称、动词词组、过程、语气等将语篇实现为'物质'的社会现实。"她认为，实现篇章隐喻的是执行语篇功能的表达，而不是其一致的概念或人际功能。然而，这种理解似乎含有明显的主观性，因为在很多情况下，我们很难判定某种表达在某种情况下是一致的，或在另一种情况下是隐喻的。

此外，这个定义没有考虑到语篇元功能的主位结构和信息结构。对此，刘承宇的定义似乎更加合理。在他的理解中，语篇隐喻指"由于使用隐喻性主位结构和隐喻性信息结构而产生的语篇意义的转变"。(刘，2001) 显然，这一定义与有标记的主位结构和信息结构密切相关，主位同等结构和谓化主位结构就是很好的例证。例如：

⑯It's Tom who should be responsible for the mistake.

一般而言，主位是指出现在句首位置的成分，无论是有标记的还是无标记的，简单的还是复杂的。但在这个例子中，主位 "Tom" 没有处于句首的位置，而是在 "it's Tom" 中充当表语，从而实现了整个小句的隐喻性主位。

(二) 篇章隐喻的名化

1. 作为主位或者述位的名化

正如 Eggins（1994）所指出的，在一致性结构中，语篇是围绕人类动作者及其在现实世界中的行为来组织的。也就是说，动作者将成为话语的主位，如在 "John wanted this..." 中，John 既是动作者，也是主位。

然而，这种现实世界的语序可能不会伴随着名化的使用而出现，名化结构可能会按照观念、原因、解释等来组织语篇。因此，为了表达与 "John wanted this" 相同的思想，我们有时会选择以下方式：

⑰What John wanted was this.

在例⑰中，名词性从句实现了主位，"what John wanted" 被称为主位同等结构。

⑱This was what John wanted.

同样地，在例（16）中，隐喻性述位通过同一个名词性从句 "what John wanted" 实现。

名化结构用作主位或述位必然会引起信息结构的改变。

2. 名化与信息结构

在无标记的情况下，已知信息位于新信息之前，信息单元的后半部分承载信息焦点，例如：

⑲John wanted THIS.

然而，名化使话语的前半部分或后半部分的强调成为可能：

a What John wanted was THIS.

b THIS was what John wanted.

此外，通过名化的使用，我们可以感受到强烈的反差。在说 "What John want is this." 这句话时，讲话者可能在暗示 "John 想要的不是别的（正是这个）"；而在说 "This was what John wanted." 时，讲话者指的是 "那个不是 John 想要的（这个才是）"。

然而，在某些情况下，为了语篇连贯，名化的使用有助于强化信息结构的概念：

⑳ A: Here's a little present for you.

B: Well, this is exactly what I need.

朱永生（1994）就从信息结构的角度解释了这种语言形式：按照信息组织的自然顺序，动作者应位于句首，B 可以说 "I really need it."，但

"this is exactly what I need."更加连贯，因为 this 所表示的已知信息置于句子首位，这使得句子更加自然，会话更加流畅。

总而言之，在特定的语境中，为了确保更好地分配信息，我们可以选择名化作为主位或述位，以建立更顺畅、更合理的信息结构。

第三节　结语

综上所述，语法隐喻是一种特定的隐喻方式，其工作机制遵循隐喻的一般规律，即隐喻意义的实现一是要经历一个自上而下的语义结构编码的过程，这一编码过程往往为非一致式的；二是听话人需要对这一结构进行解码，实现自下而上的语义输出，从而使隐喻义得以实现。Halliday 笔下的概念隐喻、人际隐喻和篇章隐喻的实现在实质上均为此工作机制的再现。

第七章　名化的选择限制的认知功能解析

截至目前，人们对名化总体上进行了广泛地讨论。但是学界对于名化的选择限制的系统研究——尤其对在何种情况下使用名化是合适的研究仍然不足。虽然许多学者如刘国辉（2005）和石毓智（2005），意识到了它的重要性并且已经进行了一些研究，但这些研究远远不够。

名化的选择限制实际上在于名化所产生的结构、语义和文体特征。是否可以使用名化或使用哪种类型的名化，应该考虑到词汇密度、句法安排和语境等因素。

第一节　结构的限制

如前所述，名化的过程肯定涉及到句法的变化，称为级差转移。级差转移可以是词级上移，也可以是词级下移。

一、级差转移

（一）词级上移

Jesperson（1959）将英语实词分为三种等级：名词排名第一，动词和形容词次之，排第二，副词排名第三。根据这一分类，名词是原级，动词和形容词附属于名词，副词附属于动词和形容词。这种理解，当然有它的认知基础，因为第一个跳入我们的眼睛总是人或物（名词），然后我们看到其运动状态（动词）或特征（形容词），最后才关注以何种方式呈现，呈现到什么程度（副词）等等。例如，在体育场观看一场田径赛时，往往会出现这样一个焦点关注序列：首先出现在我们眼帘的是运动场上的人影（相当于名词），随后我们才能确认人影的状态，是运动的还是静止的（相当于动词），最后才会关注这些人的运动方式如何（相当于形容词或副词）。（刘、汪，2005）

因此，是较低层次的词对较高层次的词进行限定、修饰或补充，这些词类之间的转换始终是一个升级的过程，如图7-1-1所示：

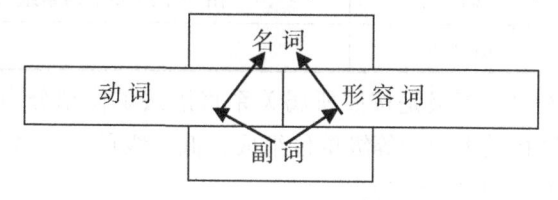

图 7-1-1 词级上移

由于名化涉及到从其他词类到名词的变化，当它产生时，这个升级过程肯定伴随其中。例如，

(1) (a) We noticed that the Doctor (Ⅰ) was really (Ⅳ) astonishingly (Ⅲ) clever (Ⅱ).

(b) We noticed the Doctor's (Ⅱ) really (Ⅲ) astonishing (Ⅱ) cleverness (Ⅰ).

对比这两个句子，我们可以看到，当a句的"clever"经过派生被名化为b句的"cleverness"时，它经历了从第二级到第一级的变化，而形容词类的其他元素也随之进行了调整，如表7-1-1所示：

表 7-1-1 级差转移的例子

a 句	b 句
Clever (Ⅱ)	Cleverness (Ⅰ)
Astonishingly (Ⅲ)	Astonishing (Ⅱ)
Really (Ⅳ)	Really (Ⅲ)

（二）词级下移

从词类间的转换来看，名化是一个升级的过程，但从语法单位之间的转换来看，它又是一种降级。是一种从句子到小句、从小句到词组、从词组到单词的层级下移。

Halliday认为，语法单位之间通过等级的大小相互联系（表7-1-2）：

表 7-1-2　等级表

等级	单位	
	句子	由一个或多个小句组成
	小句	由一个或多个词组组成
	词组	由一个或多个词组成
	词	由一个或多个语素组成
	语素	

我们可以看出，等级是按照所属关系将语法单位划分为一个层级的：高一级单位由紧接其下面的等级单位组成，低一级单位组合形成高一级单位。这一体现的过程可表示为：

语素→词→词组→小句→句子

与这种由低级单位组成高级单位的正常情况相反，名化是一个降级的过程。在许多情况下，它包括从高级单位降到低级单位，从句子减少到小句（小句名化），从小句减少到词组（词组名化），从词组减少到词汇（词汇名化）。这个体现的过程表示为：

句子→小句→词组→词汇

这就使下列表达成为可能（目前只关注因果关系的表达）：

(2) (a) Electricity was discharged, and the system broke down.

(b) The fact that electricity was discharged resulted in the system breaking down.

(c) The electricity's discharge resulted in the system breaking down.

(d) Electricity being discharged was the cause of the system breaking down.

这里从例（2）(a) 到 (d) 的表达变化是名化的结果。这两个句子（或者叫"小句"）"electricity was discharged" 和 "the system broke down"，都经历了小句或词组的层级下移，如图 7-1-2 所示：

第七章 名化的选择限制的认知功能解析

```
等级                 体现
句子      electricity was discharged
         the system broke down

小句      that electricity was discharged

词组      electricity's discharge
         electricity being discharged
         the system breaking down
```

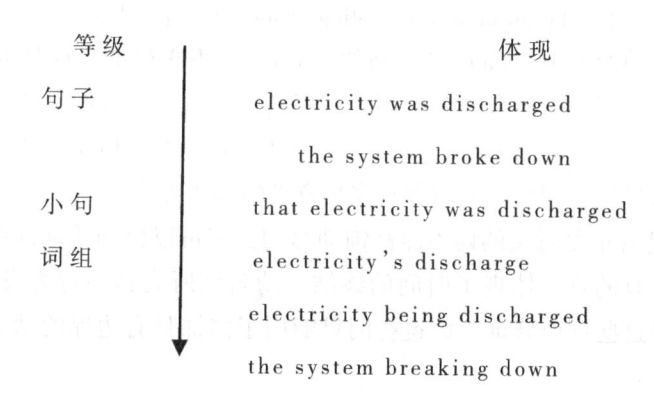

图 7-1-2　词级下移的例子

词级下移的特点也解释了为什么名化形式更紧凑和更模糊，因为它们必须把较高语法单位（句子、小句）的信息打包成较低的语法单位（小句、词组或单词）。

名化层级下移导致句法结构的变化，原本跨越小句的信息现在被打包成名词类。因此，必须对原有的句法结构进行重新编排，以满足新的搭配要求，才能保持结构的平衡。

二、搭配的限制

名化具有名词的特征，可以由形容词性质的词来修饰。然而，由于对行为边界的认识不同，不同的名化，尤其是动词名化，在构成名词词组时需要搭配不同的修饰语。

（1）含有完整性意义的词，如"complete"、"thoroughly"、"total"，不能修饰动名词，但可以修饰从动词派生出来的名词：

(3) (a) the complete destruction of the city
　　＊(b) the complete destroying of the city

(4) (a) the thorough exploration of the forest
　　＊(b) the thorough exploring of the forest

(5) (a) the total renewal of the contract
　　＊(b) the total renewing of the contract

(6) (a) the absolute elimination of foreign dependencies

109

＊（b）the absolute eliminating of foreign dependencies

　　在上面的例子中，（a）是正确的，（b）是不正确的。这是因为（a）中的所有从动词派生出来的名词都暗示着行为的边界，因此，它们可以使用修饰词来体现它们的完整性。在（b）中，情况正好相反。动名词强调的是动作的过程，因而不能被含有完全意义的词所修饰。

　　（2）具有重复意义的词不能修饰动名词，但可以修饰从动词派生出来的名词。重复的意义体现了时间的终结，动名词所表达的行为没有边界，所以不能被这些词所修饰。而这些词只能用于修饰具有边界的动词派生的名词。例如：

　　（7）（a）The destruction of the city has been repeated again and again throughout the history.

　　　　＊（b）The destructing of the city has been repeated again and again throughout the history.

　　（8）（a）The discovery of new treasures happens all the time.

　　　　＊（b）The discovering of new treasures happens all the time.

　　在这些例子中，（a）句之所以正确和（b）句之所以错误，是因为（a）句中的动词派生来的名词没有隐含边界特征，因此可以与表达重复意义的词一起使用，而（b）句中的动名词正好相反。

　　（3）不同的时间修饰词会反映不同的动作的时间边界。前置修饰语（通常是名词的所有格形式）具有限制性，用于描述完成动作的时态和状况。因此，它们只能修饰由动词派生的名词。而后置修饰语则可以通过不同的句法方式来体现这种差异：

　　（9）（a）five years' separation

　　　　＊（b）five years' separating

　　（10）（a）ten months' confinement in the country jail

　　　　＊（b）ten months' confining in the country jail

　　（11）（a）last year's immigration of these poor people

　　　　＊（b）last year's immigrating of these poor people

　　（12）（a）this Saturday's performance of Jane

　　　　＊（b）this Saturday's performing of Jane

　　在这些例子中，表达式（b）都是不正确的。因为在这些表达中，动名词强调过程性，暗示不完全性，从而与这些暗示完整性的修饰语产生冲突。

110

(4) 作为逻辑对象的名词修饰语具有一定的性质（限定、非限定）来体现其是否具有行为的终点。限定名词和非限定名词的认知差异就像 Langacker 描述的可数名词和不可数名词的认知差异一样。限定名词具有指定的性质，用于限定某些有限事物（有边界的）。非限定名词一般指整体，而不是个体（无边界的）。因此，强调动作内在过程的动名词的语义内容与限定名词的认知性质会产生冲突，而与非限定名词的认知性质则没有冲突。例如：

(13) (a) the destroying of old houses
　　　(b) the destruction of churches
　＊(c) the destroying of the /that/the last old house
　　　(d) the destruction of the /that/the last old house

(14) (a) the establishing of new houses
　　　(b) the establishment of new houses
　＊(c) the establishing of the newest house in this city
　　　(d) the establishment of the newest house in this city

(15) (a) the discovering of ancient tombs excited people
　　　(b) the discovery of ancient tombs excited people
　＊(c) the discovering of those ancient tombs took place on May 12.
　　　(d) the discovery of those ancient tombs took place on May 12.

上面例子中的（c）都有限定名词修饰动名词。在（13）(c) 中，限定名词"the/that/the last old house"，都有一定的指定意义。它不是指一般的房子，而是指某个房子。因此，它具有边界的含义。但词语中的动词性名词"摧毁"并不意味着边界的意义。因此，限定名词和动名词在意义上是相互冲突的。这就是表达式（c）不正确的原因。

上述研究表明，名化的使用，特别是动名词的使用，并不是随意的。在许多情况下，使用哪种形式取决于动作的边界。

三、结构的平衡

名化使用的选择限制还体现在英语要求结构平衡上。一般来说，英语句子遵循尾重原则，即通常情况下，信息焦点集中在句子的后半部分。虚意结构中的名化可以认为是这一原则的结果。

111

（一）虚意结构

虚意结构之所以这样命名，是因为它是由虚意动词和名化形式组成的。在这种结构中，动词在词汇上是空的，对小句的整体意义贡献相对较少。它只是表示发生了某种过程，并带有时态、极性等言语类别。它必须和下面的名化结合来表达这个过程，比如"have a bath"，"do a dance"，"make a mistake"等等。这种结构有时会被贴上亡隐喻（通过长期使用而失去其隐喻义的词或短语）的标签，并成为英语系统的一部分。

（二）虚意结构与结构平衡

虚意结构作为一种补偿结构，它有助于实现尾重原则。考虑到主题和焦点的性质、已知的信息和新的信息，我们倾向于主位项目（通常是主题）比焦点项目短。此外，动词在句子中通常不被期望承载最大的交际动态性，因此我们希望它处于低主位的交际动态性和高焦点的交际动态性之间的过渡点。这样就使得最简单的 SV 句子类型听起来奇怪且不完整：

(16) (a) Mary SANG.

(b) My friend COOKED.

因此，这种形式的 SV 句型是很罕见的，更常见的是在它后面添加一个修饰动词的副词：

(17) (a) Mary sang *for hours*.

(b) My friend cooked *enthusiastically*.

但在许多其他情况下，我们可以把谓语扩展成一个多词结构。最常用的一种是用一个有普遍意义的及物动词来代替不及物动词，将不及物项的名化作为其宾语。一般动词"do"，"make"，"give"，"have"，"take"在这个结构中被广泛使用。例如：

(18) (a) My friend cooked.

(b) My friend did some cooking.

(19) (a) I bathed

(b) I had/took a bath.

(20) (a) Mary shrieked.

(b) Mary gave a shriek.

(21) (a) He ate.

(b) He had a meal.

(22) (a) They strolled.

(b) They took a stroll.

比较这几组例句，我们可以很容易地看出，名化的虚意结构有助于保持结构的平衡，因此，我们鼓励在交际中使用这种结构。

（三）名化过度使用导致结构失衡

然而，有时如果过度使用名化，就会破坏句子的平衡。例如：

(23) (a) No one would feel surprised at the fact that when Engels had characterized Feuerbach's thesis as foolish, Bakunin rejected this characterization, and in his turn Marx criticized Bakunin for this rejection.

(b) No one would feel surprised at Marx's *criticism* of Bakunin *rejection* of Engel's *characterization* of Feuerbach's thesis as foolish.

在（23）（b）中，连续使用了三种名化形式。由此产生的句子结构非常冗余，意义晦涩难懂。因此，在实际交流中，这种卖弄知识的行为实在是不可取的。

简而言之，名化的选择是一种更为普遍的隐喻方式的一部分，它代表了影响整个句子平衡的事件状态。因此，在真实的交际过程中，名化的使用应该要能够保持结构的平衡。

第二节 语境与名化的选择限制

许多时候，名化的使用会导致语义模糊，因此必须考虑对名化使用的限制。

一、语义模糊

名化具有模糊性。在等级由小句降级为词组的过程中，原主语或宾语会通过使用-s 所有格、物主代词或 of 词组而转移到前置或后置修饰语，表示占有的种类。例如：

(24) (a) Japan occupied Northeast China in 1937.

(b) <u>Japan's</u> *occupation* <u>of Northeast China</u> in 1937

(25) (a) My son was robbed yesterday.

(b) <u>My son's *robbery* yesterday</u>

(26) (a) The author criticized fiercely.

(b) <u>*The fierce criticism* of the author</u>

正是这种转换造成了语义的模糊。在转换过程中，会丢失某些概念信息。当单独看"Japan's occupation"时，你能分辨出日本是受事还是施事吗？日本的占领应该理解为"是日本占领了其他国家"还是"其他国家占领了日本"？同样，"my son's robbery"，"the fierce criticism of the author"也可以从两方面解读。

正如Langacker（1991）指出的，"'所有格'这个词有些误导人。因为这里的语素用于表达各种各样的关系，只有一些关系包含了典型意义上的'拥有'（如："my new car"）。事实上，任何类型的联系都容易受到占有编码的影响。"由于所有格可以用来表示多种关系，所以它在名化过程中的使用是语义模糊的来源。

二、语境的限制

当然，语义模糊会阻碍流畅有效的交流。在语法上，有很多方法可以消除它。岳皓平（人名仅为音译）（2005）提出：

首先，我们可以用by-词组来表达名化的逻辑主语，而不用-s所有格和of词组，例如：用"the refusal by John"代替"John's refusal"；用"the destruction by the enemy"代替"the destruction of the enemy"。

其次，我们可以用for, on, at等介词而不是of词组来表达逻辑宾语。例如：用"the attack on the enemy"代替"the attack of the enemy"；用"the love for her mother"代替"the love of her mother"。

消除名化歧义的两种方法均是可行的。然而，关于名化的语义模糊，最重要的制约因素是语境，包括语内语境和语外语境。例如：

(27) The reviewers criticized his play in a hostile manner.

(a) the reviewers' hostile criticizing of his play

(b) the reviewers' hostile criticism of his play

(c) the reviewers' criticism of his play

(d) the reviewers' criticism

(e) their criticism

(f) the criticism

对于同一小句，从最明确的到最模糊的，有六种名化形式。仅仅通过阅读（f），我们不知道谁提出了批评，他/她批评了什么，用什么方式批评的。也就是说，原来的小句中有很多信息在（f）中都没有。所以什么时候用哪个小句，这真的是语境问题。它取决于名化与同一文本中原始表达的距离，以及两者之间有什么信息。离原始表达越远，使用（f）的可能性就越小，但是，如果在原始表达和名化之间再次提到了相关信息，那么（f）的使用就有可能了。

语内语境在名化选择中起着重要作用，语外语境也起了同样重要的作用。

Halliday（1994）认为，在向名化的转换过程中，许多信息如过程、属性、语气等都丢失了。这将改变原有的信息分布，转移信息的焦点。例如：

(28) (a) She refuses to attend the party

(b) her refusal to attend the party

这两种表达方式在语气上有所不同。在（28）(a) 中，"She" 是施动者，是出发点，所以语气很直截了当，我们可以感受到这位女士的强硬。然而，在 (b) 中，当施动者在名词词组中排次要地位时，它的作用就被削弱了。在这里，"refusal" 被当作出发点，受到更多的关注。作为一件事，它在语气上更客观，涉及较少的个人感情，所以听者或读者感觉不那么冒犯。因此，与 (a) 相比，(b) 似乎更有礼貌。

由于原始表达和名化可以实现不同的语用目的，所以具体使用哪一种将由实际情况决定。

第三节　文体的限制

名化是英语中的一种词汇语法资源，在人类语言活动中起着重要的作用。它是语言使用者的一种语法选择，其分布与不同文体密切相关。

一、语言的文体多样性

语言是世界各地人们相互交流的主要手段之一。但是对于同样的想法，人们表达的方式可能会不同，从法官在审判结束时最严肃的讲话，到亲密的朋友或家人之间最轻松的谈话。前者的特点是超然、准确、生硬、沉重，被称为正式文体；后者的特点是灵活、直接、含蓄、信息量少，被称为非正式文体。

Martin Joos（1962）根据正式性确定了五种文本风格：庄重文体、正式文体、商议文体、随便文体、亲密文体。如果按照正式程度来排列，它可能是这样的（图7-3-1）：

最不正式 ←──────────────→ 最正式
　　　　　亲密　随便　商议　正式　庄重

图7-3-1　正式的连续统一体

使用不同的词语和结构可能导致不同的正式程度，但名化肯定有助于建立正式性。

二、正式性的标志

名化作为语法隐喻最有力的来源之一，在语言正式化中起着重要的作用，它已成为正式性的重要标志之一。名化的这种性质源于它所能实现的文体功能。

1. 名化是实现简洁性的好方法

正如Geoff Thompson（1997：171）所主张的，名化的一个重要功能是"封装"。它可以形成简洁紧凑的表达。名化的术语将一个小句浓缩为一个词或词组，这非常符合经济原则。

名化是一种非常有力的手段，将信息压缩到有限的空间中，以此来创造一种简洁扼要的像是科学登记册一般的风格。

(29) (a) Bourgeois *left* Paris, but her family and friends stayed behind and later she *felt* very *isolated* and she really *missed* them and she made series of personages to show how she left. (32 words)

(b) The earliest series of personages articulate Bourgeois's intense *feeling* of loss and *isolation* from the family and friends who remained in Paris after her *departure*. (25 words)

（a）句用动词来表达过程，所以在形式上是一致的。在（b）句中，通过名化的方法，我们清楚地了解各个过程之间的关系。如果用动词或形容词代替名化,那句子结构可能会很笨拙,我们就很难找到各个过程之间的相互关系。

2. 名化也是实现客观性的良方

尤其是在科技英语中,语篇中的客观化程度与名化的比例成正比。通过这种方式,名化让过程在没有行为人的情况下也能被表达出来,同时也不需要任何时间和情态上的指示。例如:

(30)(a) Students *fail* to keep these symbols in mind. As a result, many of them are not able to *master* the mathematical subjects they take up.

(b) *Failure* to fix these symbols in mind prevents the *mastery* of the mathematical subjects taken up.

在(b)句中,通过两个名化结构 "failure" 和 "mastery",将施事者 "students" 和环境 "as a result" 消去,从而实现了客观性。

3. 名化也有助于建立权威性

名化之所以具有名词的特征,是因为它在功能上有物的特性在语法上又有名词的特性。这些特性包括可以用修饰语修饰、定量/定性和分类,所以名化术语就有了用武之地。

(31) A pidgin Language, in which has acquired native speakers is called a Creole or Creole, and the process whereby a pidgin turns into a Creole is called CREOLIZATION.

在这个例子中,术语 CREOLIZATION 表达了小句 "a pidgin turns into a Creole" 的意思。名化为术语的创造提供了可能性,并使语篇听起来更具权威性。

三、难度的指标

名化不仅能带来正式性,而且由于其词汇密度大,信息负荷大,从而也会造成语篇难度上升。

词汇密度是指人们通过把过程和特征名化,将大量的词汇条目打包成一个小句,从而传递大量信息的现象。它的计算方法是将实义词汇的数量除以小句的数量。也就是说,从句越少,词汇密度越高;相反,如果小句更多,词汇密度则会降低。因此,词汇密度的实现是以语法复杂性为代价的,即"在意合和形合的基础上建立复杂的小句"。(Halliday, 1994: 350)

名化能够产生词汇密度的原因正如我们在第 7.1 节中提到的，名化涉及较高的语法单位降级到较低的语法单位。在降级过程中，小句的数量必然会减少，而小句中词汇的百分比则会增加。例如：

(32) (a) In the twentieth century the molecular genetics developed greatly and this helped us to better understand the molecules that control living systems.

(b) The development of molecular genetics in the twentieth century advanced our understanding of the molecules that control living systems.

(32) (a) 是一个复合小句，包含 13 个词汇和 2 个独立小句。词汇数除以小句数，词汇密度为 7.5。然而 (b) 有 11 个词汇 1 个小句，因此词汇密度为 11。

更重要的是，如果我们比较这两个例子，我们会发现 (b) 更加抽象和复杂。这意味着词汇密度越高，信息负荷越重，表达就越难以理解。

综上所述，名化在简化信息结构的同时，也带来了更大的信息负荷，更多的词汇被压缩在更小的空间中，由此产生的小句就更难以理解。名化的这一特点要求我们在使用时必须考虑目标读者和写作目的。

四、不同语篇类型中的分布

上述的名化的文体功能决定着语篇的正式性，因此名化的频率往往被认为是语篇正式程度的标志。英语名化与写作风格有着密切的关系，因为在英语口语中，这种由名化衍生出来的长词很难发音。因此，名化在文章中出现的频率越高，文章就显得越专业。例如，在日常对话中，我们可能会说"In the Midwest, the farmers grow more grain this year than they did last year"。然而，当同样的观点出现在一位经济学家的著作中时，它可能会变成"In the Midwest, the year's increase in grain output was greater than last year's"，显得更有学术气息。

名化也是难度的指标。考虑到这一点，我们应该对不同的人，不同的目的使用不同的名化。例如，儿童习惯于通过真实的例子来理解世界，他们眼中的世界是由过程和特征组成的。所以在书中，为了让他们读得舒服，我们最好使用更多的动词和形容词来解释世界的经验，表达我们的想法。同样，小说和新闻都是供人消遣的作品。如果过多的使用名化或词汇密度过高，读者就不得不煞费苦心地阅读，这些小说和新闻就不会受欢迎，这是情有可原的。然而，对于技术写作来说，情况就大不相同了。首先，它们是面向专家的，他们已经具备了相关知识，能够理解抽象和复杂的概念。其次，技术写作强调的不是行动和事件，而是它们之间的关系，在很多情况下，使用名化是一种有效的表达资源。

王晋军（2003）对名化在不同语类中的比例进行了研究，结果如表7-3-1所示：

表 7-3-1　名化在不同语类中的百分比

语篇类型	法律	科技	新闻	小说	童话寓言
小句总数	79	197	236	250	418
名化总数	66	143	95	68	3
名化比例	83.5%	72.6%	40.3%	27.2%	0.7%

从这个表格中我们可以看出名化在不同语篇类型中的使用都符合正式性标准。写作越正式，名化比例就越高，反之亦然。其中法律作品最正式，故名化的使用频率最高（83.5%），而儿童读物童话寓言类作品的使用频率最低（0.7%），因为它们是所选语篇类型中最不正式的。

因此，名化的选择就变成了一个非常重要的问题。你是为谁写作的？你写作的目的是什么？从研究中我们可以看出，名化非常抽象，难以理解，不适合我们日常生活的需要，但它有助于更简洁地表达科学思维。我们还需要记住，名化的使用不仅将书面语和口语区分开来，也将成人语言和儿童语言区分开了。

第四节　结语

英语名化因使用的普遍性而得到重视，显得重要，一直以来均为语言学界的关注热点，但对其研究绝大多数强调名化结构使用能使语篇之表达更为客观、严密和简练，令语篇的信息量变大，因为比较符合正式语体的需要，能够在语篇中发挥出重要功能等等，对名化在使用中所需注意的问题及条件则较少触及。石毓智、刘国辉两位学者所作的研究则相对走在了名化研究的前沿，其中石毓智在2000年、刘国辉在2004和2005年的学术成果中分别论述和阐释了英语名化现象的限制问题，并做了较为科学的论证，笔者赞同刘国辉和石毓敏教授的观点，并在其研究的基础上更多地运用认知功能语言学流派的重要理论对该问题作进一步阐释，力求全面系统：从词汇转换的角度来分析，并非任何动词、形容词或其他词类在任何情况下都可以名化。英语名化虽然使语言的表达更加凝练和集中，但因为名化手段转换而来的词多为抽象名词，使语篇信息密度增大，语义关系有时不明，而造成歧义，难以理解、甚至误解的现象也是十分普遍的；而在句法层面上分析，语汇的转换必然造成语法方面的一系列改变，在实际应用中也可能会出现语法上的正确，即名化形式在语法上或事实上是对的，但其语义表达模糊，不如具体的动词或形容词表达更加生动形象的情况。而实词转化必须有大致相同的语义基础，名化运用要有度，根据需要确定比例，因为名化的词多为抽象名词，因此容易引起误解。在具体的应用中，若完全使用一致式使语言过于平淡，而过度的名化又会使语言显得矫揉造作，甚至形成累赘，Halliday 也指出名化是一种有力但又危险的工具。简而言之，抽象名词用得过多，就可能是一种灾难（abstractitis）（连，1993）。所以，应该考虑到语言词汇、交际功能以及认知过程等方面的特征，在语言应用中正确地进行词类的名化转换。

第八章 名化语体的认知功能研究

名化作为一种强大的社会语言学标记，对各类语篇的意义构建起着极其重要的作用。本章主要讨论名词后缀以及经济学、哲学、宗教学、信息技术和历史学等各类英文语篇中名化的功能潜势（语义和句法）。通过抽选特定语体文本建成的语料库作为分析基础，采用描述法、成分分析法和统计分析法对收集的实例进行分析，研究名化作为内在或非内在的参与者产生作用的方式。此外，作为压缩信息的一种形式，名化也是一种极为简便的信息整合方式，因此常见于科技语篇、合同文本等正式语篇。

第一节 语体（styles）

"语体（style）"一词被广泛使用。刘世生（1998：8）认为，语体一词含有三层含义：

（1）语体指口语或书面语的正式程度，其往往随着实际交际语境中参与者、时间、地点、主题等要素的改变而改变。

（2）语体指语域（register），是社会各行各业使用的专属语言变体，如医生、律师、教师，或者有共同兴趣爱好的群体，如集邮爱好者、足球迷等。

（3）语体可以指作品语篇风格，如济慈的《夜莺颂》或简·奥斯汀的《傲慢与偏见》；语体亦可指作家风格，如莎士比亚或弥尔顿的创作风格。（刘世生，1998：8-9）

本章涉及的主要探讨语体一词的前两种定义。在此基础之上，语体的分类如图8-1-1所示：

```
           ┌─ 谈话语体
           │          ┌─ 艺术语体
    语体 ──┤          │          ┌─ 政论语体
           │          │          │
           └─ 书卷语体─┤          │  科学语体
                      │          │
                      └─ 应用语体─┤  商务语体
                                 │
                                 └─ 事务语体
```

图 8-1-1　语体分类

必须明确的是，不同语体之间并没有明显的区分。同一语篇存在一种以上语体相互渗透的情况；语体的正式与否也是一个相对的概念。总的来说，非正式到正式的程度可以如下文所示（左边更非正式，右边更加正式，图 8-1-2）

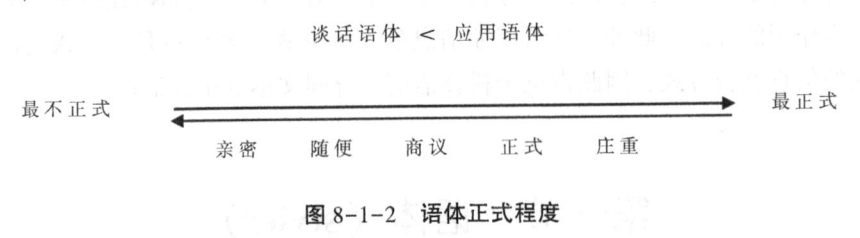

谈话语体　＜　应用语体

最不正式　←──────────────→　最正式

亲密　　随便　　商议　　正式　　庄重

图 8-1-2　语体正式程度

第二节　英语名化后缀的语体功能

在讨论科技英语的复杂语法时，夸克（Quirk，1985：23）提及两大特点：被动语态和名化（或称名化）。因此，英语名化和写作风格密切相关；口语中，名化派生的长单词很难发音。因此，名化在语篇中出现的频率越高，语篇的专业风格就越明显。例如：

嵌入一个楔子，就能校正误差。（Quirk，1985：23）

(1) (a) You can rectify this fault if you insert a wedge…

(b) *Rectification* of this fault is achieved by *insertion* of a wedge…

在上述例子中，名化可以消除口语风格的主观色彩，使语言更加客观。同时，名化使得句子内涵更加丰富，表达更复杂的句意。

医生迅速赶到，仔细检查了病人，因此，病人恢复得很快。

（2）(a) The doctor arrived extremely quickly and examined the patient uncommonly carefully. The result was that he recovered very speedily.

(b) The doctor's extremely quick *arrival* and uncommonly careful *examination* of the patient brought about his very speedy *recovery*.

例（2）(a) 通过两个句子表达了因果关系；例（2）(b) 句中，得益于名化，相同句意的表达仅用了一个句子。

因此，名化和英文语篇的语体密切相关。在法律、科技文体和文献中，名化的使用频率尤为频繁。

本文随机选取了一些段落来展示名化和语体的关系

Passage A   Monologue：

Everybody agrees I'm just ordinary. My face is ordinary, my voice is ordinary, my clothes are ordinary. Everything about me is ordinary. "What's Frank like?" they say. "Frank? Oh—you know. Ordinary," they say. Now look at that man two rows in front. He's not ordinary. In fact I can't see anybody apart from me who is. Even this fellow next to me. Quite ordinary on the whole, I suppose. But there's something a bit … something a bit odd about his mouth. Mustn't catch his eye. Might start a <u>conversation</u>. Don't want that. Interesting that he was just in front of me in the queue. They looked in his bag, they looked in his pockets—made him take his shoes off even. Mm—they've nearly finished with the food—though she didn't take my glass when she collected my tray. Ah—she's pressed her button again. Probably wants another gin and tonic. Had four already. Or is it five? Not bad, though. At least not in this light. Good—some of them are getting their blankets down now. I reckon that in about half an hour it'll all be quiet. And then … Of course they looked in my briefcase too. Didn't look here, though, did they? Oh, no. Hah! Though they think otherwise, I know very well who those two in the back row are. Noticed them when I went to the toilet. But they won't shoot. Not as long as I have this in my hand, they won't. And it's so small. Marvellous what they can do these days. Just about now, if I were sitting in funny mouth's seat and not by the aisle—just about now, I could probably look down and see the mountains gleaming in the moonlight. I like that. Mm. Well, now I must go over my speech again. Mustn't forget what my demands are, must I?

(315 words)

(《英语初级听力（教师用书）》，北京：外语教学与研究出版社）

Passage B   Chapter 1 from *Pride and Prejudice* by Jane Austin

IT is a *truth* universally acknowledged, that a single man in *possession* of a good fortune must be in want of a wife.

However little known the *feelings* or views of such a man may be on his first entering a neighbourhood, this *truth* is so well fixed in the minds of the surrounding families, that he is considered as the rightful property of some one or other of their daughters.

"My dear Mr. Bennet," said his lady to him one day," have you heard that Netherfield Park is let at last?"

Mr. Bennet replied that he had not.

"But it is," returned she; "for Mrs. Long has just been here, and she told me all about it."

Mr. Bennet made no answer.

"Do not you want to know who has taken it?" cried his wife impatiently.

"*You* want to tell me, and I have no *objection* to hearing it."

This was *invitation* enough.

"Why, my dear, you must know, Mrs. Long says that Netherfield is taken by a young man of large fortune from the north of England; that he came down on Monday in a chaise and four to see the place, and was so much delighted with it that he agreed with Mr. Morris immediately; that he is to take *possession* before Michaelmas, and some of his *servant*s are to be in the house by the end of next week."

"What is his name?"

"Bingley."

"Is he married or single?"

"Oh! single, my dear, to be sure! A single man of large fortune; four or five thousand a year. What a fine thing for our girls!"

"How so? how can it affect them?"

"My dear Mr. Bennet,″ replied his wife, "how can you be so tiresome! You must know that I am thinking of his marrying one of them."

"Is that his design in settling here?"

"Design! nonsense, how can you talk so! But it is very likely that he *may*

第八章　名化语体的认知功能研究

fall in love with one of them, and therefore you must visit him as soon as he comes."

"I see no occasion for that. You and the girls may go, or you may send them by themselves, which perhaps will be still better; for, as you are as handsome as any of them, Mr. Bingley might like you the best of the party."

"My dear, you flatter me. I certainly *have* had my share of beauty, but I do not pretend to be any thing extraordinary now. When a woman has five grown up daughters, she ought to give over thinking of her own beauty."

"In such cases, a woman has not often much beauty to think of."

"But, my dear, you must indeed go and see Mr. Bingley when he comes into the neighbourhood."

"It is more than I engage for, I assure you."

"But consider your daughters. Only think what an <u>establishment</u> it would be for one of them. Sir William and Lady Lucas are determined to go, merely on that account, for in general, you know they visit no new comers. Indeed you must go, for it will be impossible for us to visit him, if you do not."

"You are over-scrupulous, surely. I dare say Mr. Bingley will be very glad to see you; and I will send a few lines by you to assure him of my hearty consent to his marrying which ever he chuses of the girls; though I must throw in a good word for my little Lizzy."

"I desire you will do no such thing. Lizzy is not a bit better than the others; and I am sure she is not half so handsome as Jane, nor half so good humoured as Lydia. But you are always giving *her* the <u>preference</u>."

"They have none of them much to recommend them," replied he; "they are all silly and ignorant like other girls; but Lizzy has something more of <u>quickness</u> than her sisters."

"Mr. Bennet, how can you abuse your own children in such way? You take delight in vexing me. You have no compassion on my poor nerves."

"You mistake me, my dear. I have a high respect for your nerves. They are my old friends. I have heard you mention them with <u>consideration</u> these twenty years at least."

"Ah! you do not know what I suffer."

"But I hope you will get over it, and live to see many young men of four

125

thousand a year come into the neighbourhood."

"It will be no use to us if twenty such should come, since you will not visit them."

"Depend upon it, my dear, that when there are twenty I will visit them all."

Mr. Bennet was so odd a *mixture* of quick parts, sarcastic humour, reserve, and caprice, that the experience of three and twenty years had been insufficient to make his wife understand his character. Her mind was less difficult to develope. She was a woman of mean *understanding*, little *information*, and uncertain temper. When she was discontented, she fancied herself nervous. The business of her life was to get her daughters married; its solace was *visiting* and news.

(853 Words)

Passage C   A Scientific Paper's Abstract from an American Journal

The *expectation* of firms following aggressive *growth* strategies is that firms expanding geographically will acquire extensive economic advantages unavailable to more conservative *competitors*. *Growth*-minded firms also believe that by integrating info-*communication* technology (ICT) within their regional infrastructures, *distribution* channels, and marketing approaches, they can achieve lower costs or enhanced *differentiation* within a broad scope of *operation*s. Empirical *evidence* shows that many organizational *expansion*s have been implemented utilizing two major expansion modes, *consolidation* and *complementation*. This research examines the modal properties of these approaches in terms of their configurational characteristics, economic rationales and managerial *requirement*s. Viewed from a top-down perspective the modal properties further suggest the *organization*'s *management* support system *requirement*s. This study also identifies and explores the corresponding *communication* system *requirement*s, especially for key *dispersion*-related *communication configuration*s and systems. The desired practical effect of this research would be an increased *awareness* of and an incentive for commercial and industrial enterprises to include *communication* system *requirement*s in their adopted *expansion* mode *deliberation*.

(161 words)

Passage D   A Scientific Paper's English Abstract from a Chinese Journal

The enzyme-producing *fermentation* process and lipase *recovery* with penicil-

第八章 名化语体的认知功能研究

lium cyclopium PG37 were studied systematically. The results showed that with the conditions of the air flow rate 0.3 ~ 0.8v/v/min, *agitation* speed 180r/min, *fermentation* temperature 28℃ and *fermentation* time about 84 hours, the lipase yield reached 4,520 U/ml, during which the cotton seed oil was fed to control pH value of culture broth at 6.5 ~ 7.0. The granulated alkaline lipase product was prepared by *filtration*, *ultrafiltration*, ammonium sulfate *precipitation* and *granulation*. The overall *recovery* of lipase and the granulated enzyme *activity* were over 70% and 5.0×10^4 U/g respectively.

(Approximately 100 words)

［Chinese Version：对圆弧青霉 PG37 发酵产酶工艺及脂肪酶提取等进行了系统的研究。实验结果表明，20m^3 发酵罐在通风量为 0.3 ~ 0.8v/v/min、搅拌转速为 180r/min、发酵温度为 28℃、培养过程中流加棉籽油以控制发酵醪 pH 值为 6.5 ~ 7.0 的条件下，发酵 84h 左右，成熟发酵醪酶活力为 4,520 U/ml。发酵液经过滤、超滤浓缩、硫铵沉淀、造粒等过程制得颗粒碱性脂肪酶成品，酶的提取总收率在 70% 以上，颗粒酶活力单位为 5.0×10^4 U/g。］

注意（Note）：如果以 -ing 结尾的单词后接宾语或用以修饰名词，则分别视为动词和形容词，而非归类为名化现象。

在以上三篇文章中，每 100 个单词中名化出现的频率（百分比）如表 8-2-1 所示：

表 8-2-1　每 100 个单词中名化出现的频率

段落	A	B	C	D
名化次数	1	16	26	11
段落总字数	315	853	161	100
百分比%	0.317	1.88	16.15	11

从表中可以得出，随机挑选的四则段落中，段落 C 和段落 D 每百词名化出现频率的百分比分别是 16.15% 和 11%，遥遥领先，证明了科学语体中名化使用的频率最高。因此，名化的高频分布与科学语体密切相关。但是，这三则段落词数有限，以此论证名化和语体之间的密切联系难以让人信服。除此之外，由于缺乏语言学数据，名化在艺术语体的分布频率是否一定高于谈话语体也不得而知。

借助大型语料库，Biber 等人（1998）对名化频率分布与语域（语体）

127

二者关系的分析更具说服力。针对四个高产名化词缀：-tion /-sion, ness, -ment 和-ity（以及它们的复数形式），Biber 等人使用语料库检索，从而高度准确地识别这类派生名词。尽管如此，他们仍需手动编辑自动搜索系统，因为存在符合检索要求但并非名化的单词（例如 nation 和 city）。前两个语域内容分别是朗曼-兰开斯特语料库中约合 270 万词的学术散文和 300 万词的小说；第三个语域则是整个伦敦-隆德语料库—英语口语，包含了约 50 万词的独白和对话。实验记录的基准是每 100 万词中名化的出现频率。实验结果如下：

如表 8-2-2 所示是三大语域中名化频率分布情况。（学术论文和小说来自朗曼-兰开斯特语料库中；演讲来自伦敦-隆德语料库）（Biber 等人，1998：60）

表 8-2-2　三大语域中名化频率分布情况

	Academic writing 学术论文	Fiction 小说	Spoken English 演讲
Nominalizations	2.7 million words	3 million words	5 million words
Per million words	44,000	11,200	11,300

尽管在小说和演讲（艺术语体和谈话语体）中名化出现的频率相似，但学术散文语体（或科学语体）的使用频率几乎是是前两者的四倍。

不仅如此，Biber 等人还分别提供了每种名化后缀在各个语域（语体）中所占百分比（表 8-2-3）。

表 8-2-3　三大语域中名化后缀百分比

	Academic prose	Fiction	Speech
-tion/ -sion	68%	51%	56%
-ment	15%	21%	24%
-ness	2%	13%	5%
-ity	15%	15%	15%

该表展示了名化后缀在三大语域中的分布模式。

（a）较之其他名化后缀，-tion /-sion 后缀分别在三个语体占比最大；更为突出的是，-tion /-sion 后缀在学术散文语体（academic prose）中的百分比数值高达 68%。根据名化的分类，这类名化主要用以描述动词的状态或过程，或者一个特定事件。因此我们可以得出学术散文语体（academic prose）重点描述状态或者过程、展现具体动作案例，即科学文体（scientific style）的显著特质。

（b）-ness 后缀在小说中占比（13%），高于其他两个词域。根据 4.1 部分的探讨结果，这中名化与形容词的性质和程度有关。由此可以看出，小说语体（fiction）中以-ness 为后缀的细节性描述名词出现的频率远远高于学术散文语体（academic prose）和演讲（speech），即艺术语体（literary style）显著特质。

名化词缀的研究说明名化的本质是语体的形态标记指称化，研究至少在以下三个方面具有重要意义：

（1）由于名化词缀基本可以视为名词标记物，因此，研究对词汇的分类具有重要的理论意义。

（2）名化研究对以词缀为索引的词典编制有重要指导意义。部分英文词典以词缀为索引。

（3）无论是写作指导，还是名化翻译，研究词汇名化的语体功都有重要的指导意义。

第三节 名化在不同语体中的应用

语言是社会互动的核心，影响社会互动，反之亦然。社会语言学分析语言与社会相互作用的各种不同方式，即社会语言学是在社会存在结构下研究语言的。该研究关注包括语篇分析在内的多个领域，因为语言使用者需要用社会文化能力和语言行为来理解、创作有意义的文本。

一、语体功能

名化作为一种强大的社会语言学标记，对不同语体语篇中的意义建构起着至关重要的作用。在语言学上，名化的概念是指将动词、形容词和名词派生为名词（例如 develop - development, beauty - beautiful, king - kingdom），经过或不经过形态变换，让变换后的单词得以充当名词词组的中心词。本文基于动词名化（nomina actionis）这种功能特性研究英文科技语篇，以期对进一步理解名化在该类文本中的作用有所帮助，反之，该研究同样对深入理解社会语言学中语域的问题起到促进作用。

根据 Halliday 的观点，名化是构建语法隐喻的一个重要手段，这就决定了它在语体中具有多种功能。笔者将名化的语体功能分为四类：

（1）简洁性：名化可以将多个小句整合，减少词汇量并集中信息；

（2）客观性：通常不会出现主语或人称代词，隐藏语气与情态意义，因此语篇显得更为客观；

（3）凸显重要信息：名化压缩语义，使主题突出；

（4）语篇衔接功能：名化改变了多个小句的繁琐，变成了一个有效简洁的衔接手段，使得语篇更为流畅，逻辑也更为严密。而在商务合同、信函或者法律文体中，名化还具有公正性与权威性："名化结构可以摆脱口语所塑造的动态的主观世界。通过把动作和逻辑关系名化，可以从思想，理由等抽象概念而不是从动作者的角度来考虑和组织语篇，使语篇更具有公正性和客观性"。

语言是一种交流方式。交流的内容是情境。情境并不直接指存在于现实世界中的语言之外的现实，而是指说话者的概念化表达。这种现实概念化的组成部分是语义功能或角色：过程、参与者、环境。在情境的所有组成部分中，最重要的是过程；剩余部分要么是情境中的参与者，要么扮演其他辅助角色；用以表征参与者。上述成分构成了句子的语义结构。

命题有两种模式：一致式（即由动词的有限形式表达）和非一致式（即由动词的名化形式表达）。这两种模式的使用取决于语用因素和语言简化要求：说话者或作者，根据他的意图或目标，在情境中，可以使用过程的一致式或非一致式。采用非一致式的命题牺牲了语言质量：成为名词后，它们无法作为情境和语境的表达范畴。

文本和语句类似，有两种结构：深层（语义）和表层（句法）。从深层上看，名化用以表征不同的命题；从表层上看，衍生出的命题可能会实现，也可能不会实现。因此名化有两层——语义和句法。

名化是书面英语的一个特征，在科技英语中尤甚。在科技语篇中，名化作为一个过程被用来"创建技术分类法；帮助作者将一个过程与另一个过程联系起来，从而创建推理链"（Halliday，1988：195）。还有很重要的一点，名化可以让语言变得简洁。

本节研究目的有二：研究上述名化的功能潜势，并将名化作为科技语篇微观结构成分的一面呈现出来。为达到该目的，笔者展开了具体研究：1）探索名化与命题之间的关系；2）探索名化的语义和句法功能。笔者采用描述法、成分分析和统计法对收集的实例加以分析以实现既定目标。通过描述法，对名化进行揭示、分类和描述，然后将这些要素区别开来，即分析它们的异同以及它们之间的关系，此外还有要素的排布。与所有词汇要素类似，命题可以被视为由语义要素或语义成分组成，例如过程、参与者和环境。成分分析让各语义成分建构命题的含义成为可能。统计法用于分析后揭示名化特征的发生率：描述性统计用于总结某些特征的频率分布性状，比较统计把出现的名化分为两组或多组，并对组与组之间的重要变量进行反馈。用于研究的语料库是由抽选的文本建构起来的，其中包括大约 1200 个名化文本，它们来自不同的语体文本——经济学、哲学、宗教学、信息技术、哲学和历史学。

二、语体中的应用

在法律、科技、小说、商务合同等正式文体中，名化现象占着很重要的地位。2003 年，王晋军对 20 篇不同文体的英语语篇进行分析，统计名化现象出现的次数（表 8-3-1）：

表 8-3-1 不同语体中名化占比

语篇类型	科技	法律	新闻	小说	寓言和童话
小句总数	197	79	236	250	418
名化总数	143	66	95	68	3
名化比例	72.6%	83.5%	40.3%	27.2%	0.7%

从上表可以看出，名化在科技，法律中占的比例很高，新闻与小说中也包含一定的名化现象，但是童话和寓言就几乎没有名化结构。名化的比例与文本体裁正式程度成正比，即名化比例越高，文本体裁就越正式。

三、语体中的语义角色

如前所述，命题可以充当描述情境的工具。情境的语义结构通常由三个部分组成：过程、参与者和环境。过程是情境的核心部分。引用 Givón（1984：85-86）的话，"谓语类型（'动词类型'）的特征是由参与谓语编码的事件/状态的角色类型'框架'塑造而成的。反之，各种语义格角色的表征必须根据它们形成命题的谓词类型来进行"。

命题的成分（语义功能）依照规范，从形态上变为某一词类（名词、形容词、动词和副词），并在句法上成为句子的成分。试想：*Mother is baking a pie*（母亲正在烤馅饼），其中施实元（母亲）是主语；过程（正在烘焙）是谓语，而带致效者论元（馅饼）是宾语补语；彼得看着他妈妈烤馅饼，命题"妈妈正在烤馅饼"是句子成分—复杂宾语补语；烤馅饼花了半个小时，这里同样的命题与充当了主语。

命题结构（即"语义格"）中的参与者是实体，（即在现实或思想中具有确定的个体存在的事物）。这些参与者在语义上有许多标签，例如深层语义格（Fillmore，1968）、参与者角色（Allan，1986）、主位关系（Jackendoff，1972）和主位角色（Dowty，1991）。语义角色的数量和特征众说纷纭。部分语言学家认为有 5 到 13 种（Dik，1980；Saeed，2000；Van Valin and LaPola 2002），还有的认为最多有 25 种（Downing 和 Locke，1992；Gerot and Wignell，1994）。Dowty（1991）认为我们将语义角色按照离散性和有界性进行分类，而不是按照典型性区分它们，后者可能会引起数量上的偏差。

语句的中心是过程。在一致式（即不包括任何名化的从句）中，该过程被映射到谓语上。但是它被名化后（即当它变成一个参与者时）可能会执行其他语义和句法功能。正如 Lester（1971：24）所指出的，"名化过程中产生了具有相同深层含义的各种表层形式"。引文可以理解为，名化过程中产生了与潜在动词具有相同含义的各种参与者。名化的出现大大增加了从句或句子表达的信息量：句中所包含名化的数量越多，句子表达的信息量越大。

理解文本需要理解构成文本的句子的语义和句法结构。通常，同一从句的表层（句法）结构和语义结构之间不存在完全一一对应的关系。换句话说，同种情境在表层结构中可能存在不同的句法实现。这也表明，同种语义功能将会通过不同的句法功能实现。句法分析离不开语义分析：它们是相互依存的。因此，当前的研究重点被放在和句法功能相对的语义功能上。

如前所述，语义角色（参与者）各不相同。本文中对语义角色所作的区分来自 Van Vallin 和 LaPola（2002）的论述。他们指出了事态（世界上存在的现象）中常用的参与者角色：施事元、带致效元、感受元、工具元、动力元、客体元、主题元、受益元、接受元、终点元、起点元、方位元和途径元。过程（动词）通常用来对现象的类型进行编码，而名化就代指其中的参与者。

施事元是行动或事件的有意图的、有目的的发起者。施事元通常在句子中充当主语和间接宾补。我们逐一研究：

Around the turn of the century, theconstruction of central power stations in cities brought *the operating benefits of electric power to small, urban manufacturers such as apparel makers and printers.*（世纪之交，城市中央发电站的建设为服装制造厂和印刷厂等城市小生产者带来了电力营收。）

In 1529 King Henry VIII, angered *by the refusal of the pope to grant him a divorce from his Spanish wife, broke England's ties with the catholic Church and established himself as the head of the Christian faith in his country.*（1529年，国王亨利八世因教皇拒绝让他与西班牙妻子离婚而愤怒，他断绝了英格兰与天主教会的联系，并确立了自己作为本国基督教信仰的领袖的地位。）

相对来说，语料库中施事元名化的现象是不常见的。从语义上看，这种名化具备有效性和权威性特征后，就成了某种外因。它们缺乏意愿性和主动性，这些特征属于有生命的施事元。

并不是所有的命题都有一个参与者亲身参与进来（有意或无意）执行这个过程。因此，带致效元是动作的执行者，该动作可能是，也可能不是有意的或有目的的。例如：

But if even a few firms in an industry were unwilling to cooperate, the pool arrangements collapsed.（但是，即便行业中只有少数几家公司不愿意合作，集资计划也会彻底失败。）

在语句的表层结构中，带致效元充当主语。

外部世界中和内心世界中所发生的事情有明确的界限。感受元是参与者，会有（从隐喻的角度看）感知、了解、喜欢等行为。宏观上来说，感受元是体验内部状态的大众，例如感知者、认知者和情绪者。

试想：

Butthe expectations of businessmen concerning what a commodity will cost to produce in the future, and what its future price will be, will determine *how much of it will be made.*（但是，商人们对商品未来的生产成本和价格的期望将决定商品的产量。）

与带致效元类似，体验元在语句的表层结构中充当主语。

当过程中包括客体元时，表征以两种形式进行，一种是主动的，其中将施事元作为主语，将客体元作为直接宾语补足语，一种是被动的，其中将客体元作为主语，施事元作为间接宾补。我们逐一研究：

Condemnation may of course be totally justified, but more often than not they are attended with some distortion<⋯>. （谴责有可能是完全合乎情理的，但通常情况下，它们会带有一些歪曲<…>）。

The utopia whichfilled people's imagination at the end of the Second World War did not involve everybody speaking only English and drinking only Coca-Cola, <⋯>. （二战结束后，人们对乌托邦充满想象，在那里并不是每个人都只会说英语，只喝可口可乐，<……>）。

从上面的例子可以看出，"谴责"的名化和"人们的想象"是处于某种状态的事物，或经历情景变化的事物。

名化也以充当受益元，它们是可选的参与者，指代为其提供某些服务的人（或事物）。在语料库中，受益元可作为间接宾语补足语。试想：

Germanysupported Austria-Hungary's decision to launch a punitive assault on Serbia. （德国支持奥匈帝国对塞尔维亚发动惩罚性进攻的决定。）

名化的参与者"奥匈帝国的决定"是为其利益而采取某些行动的决定。

此外，该过程可以与收到"商品"的参与者相关联。这样的参与者称为接受元，通常在表层结构中作为间接宾补。试想：

Pragmatistsreply to seventeenth-century arguments about the veil of appearances by saying that we need not model knowledge on vision. （实用主义者称我们无需建构视觉知识体系以回应17世纪有关面纱的争论。）

起点元指的是起源点或某种现象。起点元表示从某个位置离开。反过来，离开意味着另一个方位元的存在：一个实体从一个方位元（起点元）移动到一个方位元（终点元）。从句法上来说，起点元充当的是地点和时间状语。例如：

As the 1990s unfolded, corporate Web sites and intranets proliferated, more and more commercial transactions began to be carried out-on-line, and software makers created sophisticated new programs for managing everythingfrom the procurement of supplies to the distribution of products to marketing and sales. （20世纪90年代以来，企业网站和内联网激增，越来越多的商业交易开始在网上进行，软件制造商创建了复杂的新程序管理整个流程，包括供应品采购、产品分销以及营销、销售。）

方位元指某个地方或存在某种现象的空间。它仅是一种空间语义角色。正如 Valeika（2001：38）所指出的，"空间和时间可以被视为同义概

念,时间是一种空间"。方位元的功能由语句表层结构中的介词"at、by、near、on"进行标记。例如:

Alongside the celebrations of competition, the justifications for great wealth and the legitimization of the existing order stood a group of alternative philosophies, challenging the corporate ethos and at times capitalism itself. (除竞争的庆祝外,巨额财富的正当性和现有秩序的合法化也存在另类哲学,它不仅挑战企业精神,有时甚至挑战资本主义本身(Brinkley, 1997: 497)。)

It thereby gets rid of the idea that socio-political institutions need to be 'based' on some such outside foundation. (因此,它摆脱了社会政治制度需要"基于"某些外部基础的想法。)

For the next thirty years, the specter of anarchism remained one of the most frightening concepts in American imagination. (在接下来的三十年里,阴魂不散的无政府主义仍然是美国脑海中最可怕的概念之一。)

在本语料库中,方位元名化充当时间和地点状语。

途径元的主要功能是指示路径。此功能由介词 through 标记。例如:

And Benjamin, who continues about the same ratio of spending to saving, not only provides more jobs than ever, because his income, through investment, has grown, but through his investment he has helped to provide better-paying and more productive jobs. (本杰明的支出与储蓄比率保持不变,不仅提供了比以往更多的工作,因为他的收入通过投资增加了,而且通过投资,他帮助提供了薪水更高、生产力更高的工作。)

该研究虽不详尽,却引入了科技语篇中最重要的概念。在分析语料库时,研究发现参与者的角色是可以通过分析世象得出的。在科技语篇中,作者构建的语句以简洁、连贯的方式描述世象。

对语料库的分析表明,内在(施事元、带致效元、感受元、客体元、接受元)和非内在(受益元、方位元、途径元)参与者的发生率各不相同。名化的语义和句法功能由过程(动词)的语义类型决定。名化的语义角色相对频率见表1。

如表8-3-2所示,可以看出,最常见语义角色是施事元。最不常见的是带致效元。主题元、工具元和动力元的名化虽然在理论上是可行的,但在该语料库中并未发现其迹象。

表 8-3-2　名化的语义活跃度

角色	语料库中出现的自然频次	覆盖率（%）
客体元	450	38%
方位元	300	25%
施事元	150	12%
感受元	100	8%
起点元	80	7%
受益元	50	4%
接受元	40	3%
途径元	20	2%
带致效元	10	1%
主题元	0	0%
工具元	0	0%
动力元	0	0%

如表 8-3-3 所示，总结了名化句法功能的统计信息：

表 8-3-3　名化的句法活跃度

功能	语料库中出现的自然频次	覆盖率（%）
直接宾补	600	50%
地点和时间状语	400	33%
主语	150	13%
间接宾补	50	4%

从上表可以看出，最常见的句法功能是直接宾补。最不常用的句法功能是间接宾补。

第四节　结语

本章试图从认知功能视角考察名化词缀及其在不同的语体中的应用，并从应用型人文社会科学的书面材料中选取实例来予以说明。显而易见的是，名化在科技语体中十分常见，这就给理解和构思文本带来了困难。文中对于英文科技语篇中的名化所进行的系统分析，研究成果有利于更好地理解名化在言语中的作用。因为名化经过系统认知功能解释后，在语义上和句法上能够得到进一步阐释，从而有助于优化写作过程（撰写科技文本的过程）、提升从业者对科技文本的阅读和理解能力。

第九章　基于认知功能教学法的名化教学研究

名化作为特有的语言现象，其于语言的重要性不言而喻，应该为所有学习者所掌握和使用。中国学者范文芳（1999）曾指出，名化会给二语学习者带来很大的困难。研究也表明，学习者的水平与名化的使用频率成正比，水平越高，频率越高。因此，在英语教学中，名化的教学应给予应有的重视。名化教学还应注重方法，实施认知功能教学法，从词到短语再到句子分层有序进行，以提高学生对名化的认知，掌握名化的功能，并通过训练形成能力，最终能在语言产出中熟练地运用。因此，探讨语言的认知功能教学法，指导名化教学就显得尤为必要。

第一节　认知功能教学法

一、系统功能语言学与语言教学

长期以来，学术界的主流地位被以心理学和哲学为核心的形式语言学所占据。然而，自从马林诺夫斯基提出情景语境之后，语言的社会功能引起了学术界的广泛关注。语言研究不再局限于机体的内部系统，更多地关注机体之间的联系。受马林诺夫斯基的影响，弗斯提出了音韵学的研究方法，进一步丰富了情境语境的研究。而 Halliday 于 1985 年发表了《系统理论的背景》一文，总结了系统功能语言学的主要特征，包括概念解释功能、社会功能和语篇功能，以完善系统功能理论。从学术角度看，系统功能语言学是以社会学和人类学为基础，与形式语言学并行发展的。社会学认为社会需要是人类行为的目的。基于这一理论，系统功能语言学将语言视为行为符号，其主要目的是满足社会需求。

Halliday 的理论与其他语言学理论有本质区别：系统功能语言学是功能性的，而不是形式性的；是语义性的，而不是句法性的；它的研究对象是语篇，而不是句子。它关注的是用法和习语，而不是"语法性"（Halliday，1994）。形式被认为是表达意义的手段，是意义和功能的体现。Halliday（1994）还指出语言是一个意义系统，伴随这个系统的形式被用来体现意义。那么，意义是如何表达的呢？Halliday（1994）认为，语言形式是表达和创造意义的资源和手段，语言结构是功能性的；意义通过形式的选择达到建构经验和表达交流的目的；语言在语境中表达意义，语言与语境之间具有相互依存的关系。特定的语言是在特定的语境中使用的，特定的语境预测并期待着一种特殊的语言。

语言本身具有特定的功能，在语言环境中往往能表达特定的内涵。语言是主观世界和客观世界的直接或间接反映，语言的运用有其特殊的目的。系统是指语言在组织和应用过程中的明显相关性。语言是按照一定的规则组合和排列的，以表达特定的意义。在语言理解过程中，我们需要结合其具体语境，帮助我们更准确地理解语言内涵。系统功能语言学需要从更宏观的角度审视语言的应用场景和内部结构，不仅要在单个应用场景中观察语言的意义和用法，更要关注其使用功能的共性，总结语言的应用规律，形成一套完整的系统理论。

综上所述，系统功能语言学是一门综合性的理论。语言的每一部分都是它的研究内容和组成部分，各部分之间有着密切的关系。我们对语言的一部分的讨论将涉及整个语言系统。因此，无论是语义系统、词汇语法系统、音位学，都是系统功能语言学必须研究的内容；同时，语言在社会中的运用也是研究的重要内容，这为外语教学提供了一定的方向指导。

（一）系统功能语言学的语言教学观

Halliday 认为，语言学习的总体理想目标是开发学生的意义潜能，掌握目标语言的意义系统，并在目标文化中表达所有意义。张德禄（2004，2006）借鉴 Melrose 的主题交际大纲模式，根据系统功能语言学理论，总结了语言教学目标，建立了外语教学目标体系网络图。教师和学生可以从这个网络图中进行选择，这有利于解决教与学的目标不完全对应的现象。然而，在实际的语言教学中，有一些问题值得注意：首先，这些宏观目标被细化为各种形式的一般目标、特殊目标、阶段目标和具体目标。从深层意义上讲，学习目标与学习者的动机和自我需求密切相关，而对学习者个体动机和自我需求的研究是一个涉及多个变量和因素的复杂过程。其次，强调一对一个性化教学和自主学习的理念，统一的外语教学目标只是宏观层面的指导。微观教学目标是完善每个课堂教学过程中的预期学习内容，包括教学内容、技能和策略。因此，具体目标是师生在课堂上进行动态协商和互动调整的过程。最后，系统功能理论框架下的教学目标系统网络图自然地强调了语言功能、社会文化语境和体裁语域等社会语言学因素，但也忽略了认知和心理语言学因素。

早期对教学方法的研究主要是宏观方法的比较研究。通过对传统教学法和交际教学法的比较，人们普遍认为两者在语法习得方面没有显著差异，交际教学法的优势在于为学习者提供更多的交际机会。因此，现在的研究者早已摒弃了纯方法之争或是教学方法的比较研究，转向课堂过程的研究，探索和关注教学过程中发生的情况。然而无论是流行的交际教学法还是相对合理的课堂过程研究，都主要从宏观教学理念上提供指导和启示，至于教师和学生在具体的教学实践中应该如何做，缺乏系统而清晰的解释。例如，如何结合我国课堂教学的现状：缺乏真实的目标语言环境，传统的填鸭式的教学模式，学生课堂参与的积极性低，运用互动理论，在课堂上真正创造交流和学习的机会，构建真实的社会交往事件。以交际导向语言教学（colt）为例，它主要比较经验型课堂和分析型课堂的教学策略。经验型课堂主要围绕一个话题或主题进行有目的、真实的语言运用和各种形式的社会交往活动，实现意义的表达和转移，保证交际的流畅性。显然这体现了系统功能的教学理念，但出乎意料的是，两种教学策略在教学效果上并没有产生预期的显著差异。因此，无论是基于形式主义的认知法、全身反应法和社团语言学习法，还是基于功能主义的情境法、交际法和话题协商法，它们在方法论层面上各有利弊。任何一种方法都不能解决外语教学中的所有复杂问题，我们应该把一些宏观的方法理念融入到微观的具体课堂教学过程中，探索该方法的科学性和恰当性。

Halliday 于 2006 年提出了适用语言学这一术语。胡壮麟（2007）则是比较了适用语言学、应用语言学和可用语言学的意义差异。applicable linguistics 是可用的语言学，只是说明哪些语言学理论有实用价值，是抽象的；而 appliable linguistics 要回答需要什么样的理论能更好地说明和处理人类活动领域中的问题，是具体的。因此，如果有适用的外语教学术语，关注的焦点是探索何种理论能够更好地澄清和解决我国外语教学和研究领域的问题。其次，Halliday 认为，适用语言学的长期目标是建立语言的意义生成系统，用社会动机解释和描述语义生成，并在交际过程的各个方面回答人们的问题。就目前的知识状况而言，我们可以对文本进行语义解释，描述语域非常有限的语义系统，但在这方面的语义研究仍然是局部和具体的。这启示我们，在外语教学中，不仅要注重学生词汇和语法知识体系的建立，还要引导学生在社会文化语境中建构语义体系，研究语义系统在语义交流中的资源和手段。此外，Halliday 的社会动机思想：语言是社会控制儿童的工具。这不仅是一种行动方式，也是一种反思方式。两者密不可分。某些类型的社会语境是文化传播的关键，这些语境中的语言在儿童的社会化过程中起着重要作用。因此，在外语教学过程中，应不断提高学生的意识，让他们根据情景语境决定使用哪种更合适的表达方式。

Halliday 对外语教学的主要贡献之一是促进了专门用途英语教学理论和方法的出现。ESP 以室内英语、警察英语、法官英语、护士和药剂师英语、农业专家英语、工程师和装配工英语等英语变体为基础，发展迅速。专业英语教学的基本假设是根据学习者的语言需求确定课程内容。因此，首要问题是对学习者的需求进行系统分析。

在外语教学实践中，我们应注意目标取向和过程取向的需要：目标取向和过程取向是学生在学习语言后想要对语言做的事情，它关系到学生的最终行为和学习结果；后者是学生如何获得学习目标规定的能力。它与转换行为和学习措施有关。其次，为了使学习目标更加准确和明确，有必要对专业英语教学和普通语言教学的各个环节和各个方面进行系统的比较研究。我国目前仅限于专业英语教材的研究与开发，对其他教学环节的研究还远远不够。

教育语言学也是系统功能语言学的重要组成部分。杨信彰（2007）初步探讨了教育语篇的语域特征及其在各种教育语境中的作用，主要包括课堂语篇分析、主题语篇分析和教科书语篇分析。课堂话语分析可以解释教师对教育过程、师生关系、价值观等的看法。同时，通过对课堂对话的分析，学生在接受教育的过程中需要对不同情境下的语言变体保持敏感。其次，作为准专业人士，学生需要理解和掌握不同学科文本的特点和差异。Halliday 在其专著《科学语言》（2004）中讨论了语法隐喻是教师解释概念、组织课堂活动和学生在教育环境中表达思想和学习的一种策略。它具有帮助学习者进入不同社会群体、建立不同社会群体认同的社会文化功能。教材语篇分析对外语教学中精品教材和精品课程的建设具有现实指导意义。最后，鉴于中国各种外语培训机构的蓬勃发展，学校环境中的规定性外语教学与社会培训机构中的外语培训咨询教学的差异研究课题应纳入外语教学研究的视野。

正如 Halliday 在其 1994 年的专著序言中所说，系统功能语言学已经应用于教育的各个领域，其理论价值是显而易见的。笔者试图从宏观教学目标和教学方法两个方面梳理系统功能理论在外语教学中的应用。同时，对当前外语教学实践中遇到的一些应用问题进行了反思，并期望促进系统功能语言学在外语教学中的进一步应用。此外，我们还应继续探索外语教学的适用性语言学理论，并继续推动当前专门用途英语和机构外语教学改革的发展。

（二）未来的研究方向

1. 优化口语教学

情景创设不足、缺乏课堂练习、课后难以找到合作伙伴是影响英语口语教学质量的主要因素。所以"哑巴英语"成为校园里的普遍问题。

系统功能语言学认为，学生不是知识的容器，而是社会知识系统的参与者。加强口语练习是学生参与社会活动的必要条件。基于这一观点，英语教师应注重情景建构，引导学生进行更有效的交际积极的口语练习。例如，可以组织学生根据课文内容安排英语短剧。在练习中，学生将自愿结成伙伴。通过相互合作，学生的口语能力将得到提高。在课堂上，老师可以邀请学生表演英语短剧。通过短剧，其他学生可以对课文内容有更直观的理解。借此机会，教师可以组织学生成立英语戏剧俱乐部，为俱乐部寻找表演机会。以俱乐部为平台，愿意练习英语口语的学生能够集中精力，也更容易找到实践伙伴。此外，在合格的课堂上，教师可以在整个教学过程中使用英语。经过一段时间的积累，学生的口语能力也可以得到提高。综合分析表明，系统功能语言学将社会视为语言的载体，因此更加重视通过舞台剧等形式，将学生的口语练习框定在特定的场景中，语言的运用将获得相应的条件，从而提高练习效果。在整个英语教学过程中，课堂将作为口语应用场景，学生将在学习中同步进行练习，同时以场景为核心，凝聚学习需求相近的学生，解决练习伙伴难的问题。

2. 改善翻译教学

传统的英语翻译实践模式普遍脱离实际，内容单一。

在改进过程中，教师可以借助系统功能语言学理论加强翻译教学的应用。首先，教师可以使用多媒体工具和社交软件引导学生将翻译内容翻译得更贴近现实生活。例如，教师可以在互联网上提取英语电影和电视作品。这部分影视作品应该贴近生活，易于理解。同时，教师可以将这部分影视片段发布到个人微博上。微博具有强大的数据传输功能。以微博为载体，学生可以自主选择和下载所需的翻译材料。在翻译中，学生可以利用电脑的静音功能播放无声电影。同时，学生可以使用手机录制翻译音频，并使用QQ等社交软件将音频传送给老师。

在课堂上，教师可以利用多媒体平台播放节选的影视片段，同时播放学生翻译的音频。这样，学生的学习意愿就会提高，他们自己的缺点也会得到纠正。此外，教师还可以组织学生进行合作翻译练习。例如，老师可以把三个学生分成一个小组，一个学生可以用英语表达，另一个学生可以将英语翻译成汉语，最后一个学生可以就翻译用汉语提问，通过角色转换，提高学生的翻译能力。系统功能语言学认为语言是社会行为的符号，服务于社会行为的需要。基于这种认知，教师应该为学生创造贴近现实生活的实践场景。在这种情况下，学生的实践将更接近实际应用。同时，从社会应用的角度出发，拓展学生的实践对象。长期接触不同的语言习惯可以扩展学生的知识结构。

3. 强化阅读教学

传统的英语阅读教学模式主要有三种。即自下而上的策略模式、自上而下的策略模式和交互模式。他们的共同点是注重词汇和语法的抽象阅读理解能力，而学生的语篇能力难以提高，知识结构容易僵化。

因此，英语教师可以根据系统功能语言学的理论来强化阅读教学。首先，教师应增加阅读练习材料。例如，教师可以引导学生阅读英文报纸。与文学作品相比，报刊所呈现的知识具有更强的应用价值。它包括实时评论、娱乐新闻、社交新闻等。通过阅读此类信息，学生将掌握与现实生活更密切相关的英语信息。通过一段时间的积累，学生的英语知识将更适合实际应用。其次，教师可以将专业文章作为学生的阅读练习材料。例如，医学生可以阅读英语医学材料。通过这种学习方式，学生的专业英语将得到实践。专业文章涉及许多学术概念。通过长期阅读，学生将掌握学术概念的基本定义和应用范围。通过综合分析和系统功能语言学，将语言的功能定义为社会互动、语篇和概念解释。通过阅读英语报刊，学生的英语社交能力将得到提高。借助专业文章，学生将对专业概念有更深的理解。系统语言学强调语言与社会应用之间的联系。选择更具应用价值的阅读材料，可以强化学生的知识结构，进一步提高学生的应用能力。

4. 提升写作教学

在写作教学中，教师往往关注学生在表达中是否出现词汇和语法错误，而忽视对学生写作文本整体意义的评价。虽然这样的英语作文没有太多的语法或词汇错误，但全文的主题意义不明确，句子之间的表达不连贯，段落之间的转换和联系混乱。这是目前学生英语写作中经常出现的几种问题。基于此，教师应该在写作训练中更加关注这些问题，以便学生能够从整体的语篇结构中学习到更清晰的计划。

在阅读和写作之前，教师可以引导学生进行整体结构安排的指导和训练，让学生首先思考要在整体写作中表达的中心思想？首先，用一句话概括整篇文章的中心思想，然后思考如何在开头介绍主题，以展示这一主题。其次，文章的主要部分可以分为哪些段落，每个段落想要展示的中心论点是什么，为了充分展示这一论点，文章应该给出哪些例子。最后，学生应如何回应主题，如何进一步深化和总结整体讨论。在引导学生对文章整体结构进行安排后，学生可以在将来进行具体的写作。当学生头脑中有一个清晰的框架，组织语言时，他们可以更准确地指出他们想要表达的思想内涵。在确定每个段落之间的逻辑关系后，学生可以更加注意自己语言的准确性。经过更多这样的训练，学生可以在头脑中形成系统的写作思维模式，在动笔写作之前会对整篇文章有一个合理的安排构思。

总之，系统功能语言学促进了英语教学向语言应用的方向发展，使学生在学习英语的过程中建立起系统的思维。这不仅可以使学生在实际语言使用中增强语言交际能力，而且可以使学生建立清晰的语言结构框架。同时，它使高校英语教学得到更全面的发展，有助于学校培养更高层次的英语人才。

二、认知语言学与语言教学

（一）基于认知语言学的教学流派

1. 语法翻译法

18世纪末，普鲁士的公立学校首次引入语法翻译法来教授现代语言（Coady & Huchin, 2001）。学习一门外语是为了阅读它的文学作品，或是通过外语学习从心理训练和智力发展中受益。语法翻译法是一种学习语言的方法，它首先对语言的语法规则进行详细的分析，然后将这些知识应用到将句子和文本翻译成目的语的任务中。学生的学习主要涉及对语法规则的掌握以及对一长串文学词汇的记忆，这些词汇与文本相关，而文本的选择更多是以其内容为依据，而不是语言难度水平。此外，这种教学法也很少重视听和说的学习活动。语法翻译课堂外语学习的主要目的是使学习者能够阅读和翻译外语文学作品，因此，每节课的内容都是由无数的语法规则、一系列的文学词汇和一些需要翻译的意译组成。

2. 直接法

直接法，又称"改革法"或"自然法"，是十九世纪末引入的几种"自然"方法中最著名的一种（Coady & Huchin, 2001）。这种教学方法要求学习者在实际的日常生活情景中主动地参与外语听说活动，避免使用母语、正式的规则和术语，鼓励学习者用外语思考，而不是翻译成外语。直接法十分重视培养学习者良好的发音，通常在学生看到标准的正字法之前就介绍语音翻译。这种方法旨在培养学习者用目的语进行交际的能力，鼓励学习者学习用目标语言进行思考。因此，在课堂上，一个新的目标语言单词或短语的意义通常是通过直接与物体、视觉辅助工具或外语中熟悉的单词联系起来呈现的。目的语在语言课堂中只作为教学和交流的手段使用，第一语言和翻译练习是完全禁止的，主要的学习活动是学习和练习句子。

3. 听说法

听说教学法是美国结构语言学家在第二次世界大战期间发展起来的，这种教学方法关注第一语言和第二语言之间的结构对比，很少讨论语法规则，重视每天的口语对话，尤其重视自然发音，要求学习者对日常情景对话中的结构模式进行模仿和训练，直到学习者能够自然地作出反应。听说法注重句型，学生只有通过句型练习才能学好词汇。语言教学的主要目标是结构模式的习得，词汇项目的选择以词汇的简单性和熟悉性为依据，并通过练习引入新单词，但只有引入了足够的单词才能使练习成为可能（Coady & Huchin, 2001）。

4. 转换生成语法

与信奉行为主义心理学和经验主义的结构主义者相反，乔姆斯基的转换生成语法采纳了认知心理学和理性主义。乔姆斯基认为，语言是天生的，是通过掌握有限数量的规则而获得的，这些规则可以生成无限数量的句子。为了对语言的基本规律进行明确的描述，转换生成语法采用了复杂抽象的形式模型，但这种模型不易应用到实际教学中。转换生成语法在教材设计、复句结构分析和文学风格分析等方面为语言教学提供了有益的思路。

然而，也许是因为转换生成语法分析所涉及的每一件事是有争议的，尽管有各种各样的尝试将其应用到语言教学中，这种形式而抽象的语法在教育领域的影响仍然是有限的。Roulet 解释说："转换生成语法正处于快速变化的状态，在一种版本过时淘汰并被新的版本所取代之前，人们几乎没有时间将这种版本应用到语言教学中"（1975）。也许这就解释了为什么转换生成语法没有直接导致新的语言教学方法的出现，但它在不同方面影响了一些教学方法，如认知法。

5. 交际法

结构主义者和乔姆斯基都低估了意义在语言中的作用，他们把所有的注意力都放在了语言的形式和规则上。然而，语言形式能够被使用是因为它们具有意义，而正是意义使它们能够发挥不同的功能。功能语法认为，语言研究应重点探索语言的功能，而儿童语言的发展正是对语言功能的逐步掌握。Halliday（1975）认为语言学习的过程就是学习如何赋予"语言"意义的过程，即学习如何使用语言形式来实现说话者的意图。

交际法强调学习者的交际能力，即用目的语进行交际的能力。交际语言教学将交际能力作为语言教学的目标，并制定四种语言技能的教学程序，旨在使语言学习者能够密切地与目标语言接触，提升语言的流利性而不是准确度（Coady & Huchin, 2001）。

6. 认知法

认知语言学是一种根据人们对世界的经验和感知语言的方式来研究语言的方法。这一理论强调有意识地将语言习得看作一个有意义的系统，并寻求认知心理学和转换语法的基础。

认知理论不注重听说技能，它强调控制语言的所有表现形式，将其看作一个连贯有意义的系统、一种有意识获得的"能力"，学习者在现实生活中可以使用这种能力。它寻求的不是语言的自动掌握和强化训练后习惯的形成，而是学习者的智力理解。行为主义学习观已经被强调规则学习、有意义的实践和创造力所取代，而认知理论主要根据语言学和心理语言学理论对听说教学法进行批判。

（二）认知语言学教学观

认知语言学在语言教学中的应用研究可以分为国外研究现状和国内研究现状，具体内容将在下文中进行阐述。

1. 国外研究现状

关于认知语言学对词汇教学或是词汇学习的研究上来看，Hatch & Brown（1995）最早提出了运用认知语言学的有关理论将词汇的教学与学习，从语言学教育研究的边缘带入了研究的中心领域，其理论也大大深化和扩展了二语学者对词汇构造和性质的认识，因此成为二语习得词汇教学研究的主要动力。

Lakoff（1987），Hopper & Traogott（1993），Fauconnier（1997），Taylor（2002）等对认知语言学典型和范畴化、隐喻、转喻、概念合成、语法化等问题的讨论中，都将词汇作为了重要的研究对象。

Boers（2000）通过实验证明了概念隐喻在词汇教学中具有重要作用，并指出同一概念隐喻主题的词汇汇集在一起学习时能够产生强大的潜在学习效果，因而建议教师在词汇学习和词汇教学的过程中注意培养学习者的概念隐喻意识。

Gibbs 和 Matlock（2001）通过对认知语言学对词汇教学方面的影响研究，指出了认知语言学在多义词的词汇学习和教学中具有重要的意义，他们认为基于认知语言的词汇学习是说话人习得、使用和理解多义词的必要而有效的途径。

Kövecses（2001）认为大部分的词汇与习惯用语在很大程度上都具有一定的隐喻成分，在此基础上他提出了可以在词汇教学中让学生了解词汇背后的源喻，这样以来学生就可以更为清晰的理解习语和词汇中所蕴含的隐喻成分。

Csabi（2004）从研究 hold 和 keep 这两个多义词着手，通过一系列的实验研究发现概念隐喻、借代等语义在词汇教学中能有效地促进学习者的词汇学习。

2. 国内研究现状

在我国，从认知语言学的角度对词汇教学展开的研究开始的比较晚，但近些年来逐渐受到研究者的重视。关于认知语言学在词汇教学中的应用研究主要包括：

赵艳芳（2001）指出英语教师应该在使学生充分认识词汇意义的基础

上，通过有联系、有规律的多义范畴解释语言的隐喻本质，来帮助学生认识一些具有比喻性的词汇和习语。

梁晓波（2002）从词汇隐喻义、基本范畴词汇、词语语义理据，词语多义之间的深层关系等方面深入探讨了认知语言学在大学英语词汇教学中的指导作用。

谷小娟（2002）从核心词汇、意群教学角度重点探究了认知语言学对词汇教学的影响。

彭建武（2005）提出了认知语言学的连通论和词汇观，为英语词汇教学的有效实施提供了指导。

刘正光（2010）对认知语言学的语言观对于英语词汇教学的指导作用和实践意义进行了深入的分析，并在研究中提出了在英语词汇教学中有效发挥认知语言学优势的三大原则。

张绍全（2010）将认知语言学理论应用于第二语言多义词的习得中，调查了英语学习者多义词习得的现状，并重点对认知语言学的多义性理论应用于英语学习者多义词习得和英语专业学生英语通感式多义词的习得进行了实证研究。

蔡金和朱立霞（2010）通过实际的研究论证进一步证实了认知语言学理论将会不断地优化第二语言习得和教学，能够有效地解决语言教学和学习中的实际问题，并从认知语言学角度对英语学习研究的现状进行了分析。

蒲洁（2018）指出认知语言学理论一般可分为基本范畴理论、概念隐喻理论和原型范畴理论三种。作者认为在英语词汇教学中应用认知语言学理论具有积极的影响。首先，有助于学习者构建健全的词汇体系。应用认知语言学理论有利于界定区分基本范畴词汇和非基本范畴词汇的标准，使之符合英语教学的词汇排列标准，因而学生能够全面系统地建立词汇体系。其次，也有助于提高学习者灵活使用词汇的能力。在课堂中教授一词多义时，借助隐喻理论和具体的语境，不仅可以有效地扩展词语的含义，促使学生从多个方面理解并掌握词义，而且能够不断提升学生的词汇运用能力。因此，作者建议英语教师积极地利用基本范畴理论辅助学生构建词汇网络，对词语的搭配使用进行划分，以渐进的手法完成从表层含义到深层含义的转变，并联系日常词汇，通过概念隐喻理论应用培养学生的跳跃性思维，依据原型范畴理论指导学生抓住中心内涵，进而延申掌握更多的新词汇。

郝慧敏（2018）认为在高校日语教学中教师过分重视散点知识，忽视了大学生日语思维的培养，而认知语言学相关理论可以帮助学生解构日语信息，并根据个人经验来建立思维方式，提高学习效果。作者主张利用隐喻理论发展隐喻思维，将词汇和日本的风土人情结合；利用范畴化理论认知语言模式从长期记忆中检索相关信息，进而选择类似记忆进行对比学习，推论学习目标的性质，从而将目标放置于知识体系中的适宜位置，最终实现体系化；利用认知语法理论总结句子范式的基础模式；利用构式语法理论强调语法是习惯化的集合体，以从谚语等固定表达中提取构式的方式实现学生语言结构的建立。

蒋婷婷和绍春子（2019）主要探析了隐喻理论和基本范畴理论在日语词汇教学中的应用。作者提到基本范畴词汇在不同语言中具有共通性，因而应作为日语教学的重点。在授课过程中，教师先对词汇进行分类，保证在不同的范畴下有意义相关、密切相连的不同词汇，以此来扩展词汇量。

王芳（2019）认为认知语言学理论在大学英语词汇教学中可能发挥重大作用，并提出教师需要有意识地在英语词汇授课中应用认知语言学的理论的要求。此外，作者还提到了概念整合的方法和分层次教学法。分层教学法以原型范畴理论为依据，将大学英语词汇划分为基本范畴词、上位词、下位词和下属词这几类。教师授课过程中应讲解"原型"即核心词义，再按照分层教学方法层层递进，借助复合构词法结合语境语义讲解复杂词汇。同时教师应因材施教，通过考试了解学生的个人情况，对高水平、一般水平、低水平的学生对症下药。

听、说、读、写是学习外语的四大方面，有学者重点研究了认知语言学理论在读写方面的应用。

庞维国（2003）指出，相互作用的隐喻方法应用到阅读教学中时应注重培养学生的预测、质疑、理解和总结的能力。

胡壮麟（2004）将隐喻概括为一种元素，这类元素能够构成语篇文体特征、作家文体风格特征、某些体裁文体特征和时代风格特征，这其中将隐喻的重要性高度并集中概括，并指出隐喻在阅读任务中具有重要的作用，强调了隐喻在阅读理解能力提高中的重要作用。

汪少华（2005）指出隐喻认知理论对英语阅读教学具有重要的意义，主要包含概念隐喻理论和意象图式理论。在阅读过程中，意象图式是组织概念知识的一种基本单位，读者可以将它作为理解目标域的平台。话语理解的关键是要能够理解话语中的概念隐喻以及意象图式，因为概念隐喻和意象图式可以帮助读者在词汇和篇章两个层面上根据话语中的信息建构意义。

金华良和颜小娜（2008）在研究中指出当前高校对英语阅读教学的重视不够，往往忽视了阅读方法与阅读技巧的训练，因此对阅读能力和阅读技巧的提高没有起到一定的促进作用，他们就这一问题提出将意象图式法与概念隐喻理论相结合应用到英语阅读教学中，并取得了满意的效果。

何玉静（2009）从认知语言学角度探析了高校英语阅读教学中存在的问题，并发现隐喻思维能力对提高大学生的英语阅读能力起到了积极的作用。研究表明，隐喻思维有助于学生从阅读中的生词和难句等方面分析、理解文章的深层含义。

蒋中林（2011）就商务英语的阅读效果和阅读效率，从认知语言学的角度出发，证明了概念隐喻理论对商务英语阅读的效果和阅读效率的提高方面具有极大的促进作用。

黄俊娟（2012）指出虽然目前隐喻理论在语言学中具有核心性和普遍性，但在目前关于将隐喻理论运用于外语教学中地研究较少，同时指出应将隐喻理论运用于英语教学中，鼓励学生和教师理解、接受并巧妙地运用。

赵利娟（2016）认为外语读写课堂过度关注知识点的讲解，忽视了学生对整体内容的感知能力，学生对于阅读技巧的掌握也有所欠缺。以往的英语读写课堂更多关注词汇和语法等相对抽象的问题，这对学生整体阅读能力提高的作用较小。作者认为有必要将认知语言学理论的图式理论、色彩范畴理论、学习迁移理论加入课程教学中，引导学生提高宏观构思的能力、提取代表性知识的能力以及反思回顾阅读材料的能力。

总体来看，目前国内外学者的研究重点主要集中在认知语言学理论在外语教学中的应用，特别是在英语词汇教学和英语阅读教学中的应用。近年来，越来越多的学者开始将原型范畴理论、概念隐喻理论和图式理论等应用于外语教学。在关于将具体的认知语言学理论应用到英语词汇教学中的研究中，我国学者重点关注了学校教育与教学，主要针对学校教育英语教学中词汇教学的现状分析、策略制定提出了自己的观点和见解。

3. 未来研究发向

虽然前人在关于认知语言学理论在英语词汇教学中的应用方面已经做了很多研究，但将认知语言学的理念和观点应用于词汇教学中还是有很大的研究空间的，除了原型范畴理论、隐喻理论、图式理论等，还可以尝试思维导图等多种方式。此外，认知语言学视角下的相关研究不应仅仅局限于英语教学与学习方面，可以渗透至更广阔的领域，例如日语、对外汉语教学等；还可以转向跨学科方向，例如翻译、文字研究、文学研究、文化交流、语言比较、戏剧评析等。

第二节 语言的认知功能教学法

认知功能理论是现代语言教学理论体系中的重要组成部分，它既强调了学习者在语言学习中发挥主观能动性的重要性，要求学生提高对语言规则的认知理解水平，优化语言教学效果，同时它也强调了语言功能、语言交际应用在语言教学中的重要功能和价值。从英语教学模式的改革现状来看，认知功能理论的应用让英语教学改革获得了许多有益的经验。我们可以基于对当前英语校本研究案例的得与失分析，探讨教学素养、教学方法、教学互动、教学环境等要素在英语教学中的重要作用，从而在英语教学创新模式的生成、应用和反思中科学推进了英语教学模式的改革与发展。

第一，英语教学模式改革需要打破传统的认知局限性，将英语语言文化的学习转化为一种语言认知能力的训练与提高，引导学生有意识地、发挥主观能动性地去反思和总结英语语言和文化的内在逻辑和一般规律，促进大脑的思维认知活动，更好地学习和消化英语教学课堂中的知识与技能要点，提高英语教学模式的科学性和有效性。具体来说，基于认知功能理论，以及学生认知上的主体作用，英语教学模式改革可以做到以下几点：其一，强化学生的认知主体地位，以学生为中心，调动学生的主动能动性，训练学生的自主学习能力，让学生在英语的教学中促进思维活动，加强深度记忆，达到更好的英语学习效果；其二，兼顾英语听、说、读、写等多样化教学目标的全面发展，充分调动学生的多种认知器官和感官，提高英语教学地有效性；其三，设置个性化的英语情境，让学生根据自身的认知情况进行针对性的训练，鼓励学生与教师、其它同学形成积极的互动交流关系，查漏补缺，及时纠正英语学习的谬误。

第二，英语教学模式改革需要置身于实际的英语语言应用场景，以英语语言交际为目标，给英语教学提出切合实际的听说读写要求，让英语语言的教学、英语语言的功能应用、英语语言文化的交际需求得以相互促进、协调发展。换言之，基于认知功能理论，英语教学模式的改革应当重视英语语言应用的专业解析，探索英语的语言规则和自身语言学习的特点，以交际应用为目标，合理统筹英语教学的资源，有针对性地强化英语语言应用的学习与训练。就英语教学模式这一改革举措的意义来说，它能够充分凝练英语教学的功能纲要，目的性明确地选取恰当的语料，平衡单一能力的训练和综合能力的训练，创设真实化的英语交际场景，引导学生更好地反思和总结英语语言应用的规则规范，更高效地指导学生的英语学习。总而言之，认知功能理论下的英语教学模式改革需要更加关切学生的个体学习过程、心理和状态，引导学生在真实化的英语应用情境中更深层次地分析"为什么这么表达"、"语言应用背后的思维逻辑是什么"，以及"英语学习的规律规则是什么"，让英语学习更加科学化、系统化。

基于认知功能理论，通过实践探索，我们对当前英语教学模式改革的实践探索所作的反思与总结，认知功能理论为英语教学模式的改革提供了许多新的思考与实践方向，尤其是在生本理念的支持下，英语教学模式改革将进一步凸显学生的主体性，加强学生认知能力的训练和认知水平的提升，进而切实提高英语教学的有效性。

第三节　名化与写作教学

据观察，书面语和口语的一个显著区别是名化在书面语中的频繁分布，这常常导致书面语的语法简化和词汇密度（Eggins，1994：56）。因此，人们经常认为英语是名化语言（Roger，1991：79）。英语名化结构可以使学习者的表达更简洁、准确、地道，因此，对名化的了解可以反映二语学习者的语言水平。探讨中国学习者是如何在作文中观察到英语书面语的这一特点，以及观察到了何种程度，是合理且必要的。为此，笔者对来自不同年级的两组30名英语专业学生的作文进行了对比研究，希望找出不同语言水平的学习者在名化使用上的差异以及可能造成这些差异的原因。

第九章 基于认知功能教学法的名化教学研究

一、数据收集

(一) 数据来源

数据取自数据库 SWECCL (中国学生英语口笔语语料库)。它们是由两组 30 名学生写的。由于名化是正式英语的典型特征,文章的主题采用议论文的形式,以控制文体变量。这两组的作文题目是一样的:"Education as a Lifelong Process"。学生要求在限定的时间内用 300 字左右的篇幅进行习作。

(二) 研究对象

研究对象分为两组,每组 30 名学生。一个是大一组,另一个是大四组。他们都是英语专业的。在选择这两组学生时,我们假设前者的英语水平远低于后者,因此在名化使用方面的研究结果预期会有显著差异。

(三) 研究过程

首先,笔者从数据库中选择了一个小样本的写作数据,由两组从不同年级的 30 名学生完成,并且试图用<N>标记这些作文中的名化形式,将小句用"/"隔开,句子用")"隔开。然后,利用 ANTCONC 3.2.1 工具,计算两组学生的作文中名化、小句和句子的数量,并人工计算词汇的数量。最后,笔者对名化的研究结果进行了比较和分析,得出了一系列的研究结果。

二、结果与发现

(一) 结果和主要发现

根据统计数据,所研究的每一项的数量如表 9-3-1 所示:

表 9-3-1　两组学生在写作中的各项数

	大一组	大四组
名化	516	835
句子	718	569
小句	1296	976
词汇	4752	5154

由上表可以计算出两组词汇密度、名化频率的比较（表 9-3-2）：

表 9-3-2　两组作文中名化的频率

	大一组	大四组
词汇密度	0.39	0.86
名化和句子比例	0.7	1.5
名化和词汇比例	11%	16%

揭示了以下事实：

（1）大一组作文词汇密度为 0.39，大四组作文词汇密度为 0.86。大四组的词汇密度明显高于大一组。这个结果并不出人意料且与我们的假设相一致，即语言学习者越熟练，词汇密度可能越高。

（2）在词汇密度较高的作文中，名化现象出现的频率较高（大四组为 1.5），而在词汇密度较低的作文中，名化现象的平均值较低（大一组为 0.7）。名化现象似乎在高级学习者的写作中出现得更频繁。

（3）名化出现的频率越高，其占词项的比例越高，随着名化占词项的比例的增加，文章的词汇密度就越高。

从上面的分析我们可以清楚地看到，名化在语言能力判断中起着至关重要的作用。结果表明，学习者的语言水平越高，名化的使用也越频繁。

（二）其他发现

1. 名化频率偏低

上述分析证实了我们的假设，即名化的使用与语言水平相关。然而，即使与表中所示相比，学生在写作中名化的频率也偏低。这似乎表明，学生可能缺乏较强的名化意识，从而可能导致写作的单一和不正式。

首先这是由于汉语和英语之间的差异。相比之下，汉语是动态的，而英语是静态的。汉语倾向于用一定的动词来表达某种思想，而英语则用名词来表达。例如，我们中国人说"吃得好，睡的香"，但英文版本是"He is a good eater and sleeper"。因此，在英语中，当名化是更好的选择时，就会使用名化代替动词或其他词类。

学生作文中名化频率较低的另一个原因可能是名化的意识培养不足。为了提高学生的交际能力，许多英语教师似乎一直都很重视学生听说能力的培养。然而，交际能力并不仅仅意味着听和说。不同的语言能力实际上是相互关联的。与英语词法相关的名化等语法知识也应得到同等重视。当教师给出一个总结性的评论，不应该仅仅说这篇作文组织得很好，但仍然有一些语法错误。他们应该进一步指出细节上的语法错误和搭配不当，以及告诉他们如何让表达更简洁流畅。如下例所示，学生才可能会注意到老师的意图。

（1）（a）People feel the danger of having no food to eat and no clothes to wear.

（b）People feel the danger of starvation and exposure to nature.

（2）（a）Family life makes him feel happy.

（b）Family life is the source of his happiness.

（3）（a）This suggestion is accepted and welcomed by young people.

（b）This suggestion finds its growing acceptance and popularity among young people.

总而言之，笔者认为，学生未能正确使用名化，教师的教学理念也有责任。英语教师也应及时适应新的教学环境。在培养学生写作能力的过程中，教师不仅仅是给他们的作文评分，还应该给他们一些反馈或者提高的建议。

2. 用-ing 构成名化的倾向

在数据处理和分析的过程中，还有一些其他的发现值得我们注意，尤其是在用-ing 构成名化的倾向上，这也是席旭辉（2006）（音译）在她对非英语专业学生写作的研究中发现的。

在名化的总数中，用-ing 构成的名化在大一和大四组分别有 123 和 168 个，分占比 24% 和 20%。尽管进一步的研究表明，这些表达中有许多是自然的、具有语法意义的，但英语中的-ing 形式也是名化的有力来源。例如：

（4）They regard education as a means of job hunting.

（5）If a person can't know the world more clearly, he can't expect to make a good *living*.

(6) Many scientists keep *learning* even when they are old.

(7) Through education, people can master many kinds of skills, such as *reading*, *speaking*, *writing*, and *thinking*.

然而，也有一些-ing 构成名化用法不正确的情况，例如：

(8) Many people go back to school to continue their *studying*.

(9) In order to avoid *lacking* knowledge, we should always keep on learning.

(10) *Taking* education as a lifelong process will do good to the society.

(11) … some days latter, they seemed *becoming* a little thinner.

在例（8）和（9）中，名化形式"study"和"lack"的使用显得很尴尬，似乎表示的是动态的、短暂的意思，所以我们最好用"study"和"lack"(of)来代替，这两个词看起来是静态的、持久的。在例（10）和（11）中，两个斜体的名化似乎是多余的，为了使句子更自然，应该省略它们。

那么学生对-ing 形式偏好的原因是什么呢？为什么中国的学习者有一种特殊的倾向，通过添加"ing"来形成名化？席旭辉（2006）（音译）认为，学生的这一偏好似乎验证了 Krashen 语言习得的"自然顺序假说"。在他的"自然顺序假说"中，-ing、复数和系动词先出现，然后是助动词和冠词，接着是不规则过去时，最后是规则过去时和所有格-s。虽然 Krashen 的"自然顺序假说"中的-ing 形式指的是现在分词，但它是英语中最灵活、使用最广泛的形式。Krashen 的解释有助于研究这个问题。其他语言学家如 Long（1981），Brown（1973）和 Freeman（2000）也研究过习得顺序。Freeman（2000：133）对输入的研究发现，九个语法语素的相对频率顺序在统计学上有显著的正相关。Long（1980）的研究结果也与 Krashen 的研究显著相关。

然而，笔者认为，汉语学习者对动词名化的偏爱，很大程度上是受母语影响的结果。中国人倾向于使用 V+V 结构，如"去上学"、"停止做"。但在英语中是"go to school"、"stop doing"，第二个动词用不定式或-ing 形式。

在作文中，中国学生倾向于使用翻译对等词。在翻译过程中，学生希望在英语翻译和汉语翻译之间寻求对应的联系。最关键的是，学生们一直发现很难在英语中找到一个准确的 V+V 结构对应，结果就是过度使用-ing

形式，因为-ing 形式是他们在语言习得的早期就已经习得的。例如，样本中许多作文都包含这个意思的词组："专业的学习，没有止境"。当学生把它们翻译成英语，经常翻译成 "major studying, have no ending" 而不是 "major's study, have no end"。显然，这样的翻译并不总是令人满意的，因为"众所周知，语言很少以一一对应的方式映射它们的词汇项"（Meara，1980：225）。因此，动词-ing 名化的偏好在一定程度上是汉语负迁移和过度概括词法规则的结果。

此外，用-ing 构成名化也是缺乏词汇和构词知识的表现。

加"ing"不会产生一个新词，它只是赋予单词新的语法意义。然而，派生词缀的使用会产生在拼写和发音上有微小变化的新词。通过给"educate"加上后缀"ion"，我们有了一个新词"education"。此外，"ing"、"ed"、"er"、"'s"等屈折词缀数量较少，学生识别和记忆其形式和用法不会有太大困难。派生词缀，尤其是名词缀，数量要多得多。学生们不得不努力地记住这些非名词、非形容词和非动词的词缀——这些词缀的例子以及何时使用何种词缀可以在绪论部分找到。因此，这种数量和复杂性上的差异，解释了为什么许多学生直观地倾向于使用-ing 来表示名词。

三、教学启示

上述研究表明，名化的使用与语言水平相关，但中国学习者在使用名化方面存在相当大的困难。研究认为名化应该在语言教学中占有一席之地，正如 Ellis（1985）所认为的：除非我们确切地知道对于某些老师的教学模式确实符合学习者的学习模式，否则我们无法确定哪些教学内容是直接有助于语言学习的。在这种情况下，研究名化的教学意义显得合理而紧迫，因为我们明确知道学习者的需求。

首先，笔者认为我国的写作教学现状远不尽如人意。李满华（2003：223）（音译）认为，教学现状可能没有像课程要求的那样提高学生的写作能力。由于本研究反映了名化知识与书面英语质量之间的显著相关关系，因此笔者认为有必要将名化纳入教学。胡世平（2003：64）（音译）认为，名化在科技论文写作中起着至关重要的作用。他建议通过给学生更多例子，让他们多练习。范文芳（1999：12）认为名化现象是语言学习的高级阶段，学习者不应忽视这一重要现象。然而，意识到名化现象并不仅仅意味着死记硬背，死记硬背是不管用的。

笔者认为，结果写作法和过程写作法的长期共存表明，以结果为中心的写作法可能忽视了写作的本质，难以满足教学的要求。写作的本质是一种交流的手段和语言输出的形式。因此，作为一种产出技能，写作是基于语言输入的。笔者建议教师尝试以过程为中心的教学方法。我们知道，名化的意识可以通过重复强调来实现。过程法包括以下四个步骤：构思、起草、修改、编辑（韩金龙，2001）（音译）。在此过程中，教师可以通过把棘手的句子名化或举一些好的名化的例子来给学生提供反馈。教师的角色是一个助手，目的是培养学生的潜能，而不是批改他们的作文。

其次，阅读是语言输入的另一种方式。在阅读教学中强调名化是切实可行的且必要的。范文芳（1996）认为名化结构可能会阻碍学习者对语篇的理解。杨永森（2003）认为，理解学术论文中的动词派生的名化有助于阅读理解。根据 Krashen（1982：21）研究，从"i"阶段到"i+1"阶段的一个必要条件是学习者理解包含"i+1"的输入，其中"理解"意味着学习者关注信息的意义而不是形式。这一假设表明，积极而有意义的语言输入可能会产生输出。因此，对名化的清楚理解可以使再现更加顺畅。笔者认为教师应重视英语名化意识的培养。

最后，作者认为翻译也是语言输入的一种主要手段。如前文所述，学生的写作过程中经常涉及到翻译对等。然而，学习者会自动伴随者这种倾向，教师可能很难阻止它。因此，使学习者意识到名化是教师的首要任务。毕竟，语言能力是学习者自己掌握的。陈明尧（2003）（音译）发现名化是 WTO 文本的一个特点，通过隐藏施事者来达到翻译目的。何明珠（2003）（音译）认为无生命主语的句子是英语书面语的一个典型特征。由于文化差异，中国学习者很难翻译这些句子，但学生可能会使用到语法隐喻，特别是名化，从而让翻译更流畅。作者认为，翻译中难免会出现对等现象，但教师可以指导学生如何运用名化进行有效的翻译，建议通过翻译加强语言输入。

总之，要加强英语名化意识，教师可以从写作、阅读和翻译三个方面进行语言训练。尽管作者认为上面的建议，只有当教学和学习的评价为进一步的教学提供积极的反馈时，才能说教师真正理解了"教师教学——学生学习结果——教师反馈"这样一个必要的循环，这也是建立学生名化意识的关键。

第四节 教育教学视角下的名化功能研究

由于名化程度与文体的正式性有关,因此许多学者对教学中的名化进行探讨,其中包括学生(以大学生为主)的书面语与口语、试卷与教材、以及对教师的课堂教学提出相应建议等方面。

一、书面语中的名化

Halliday (1994) 指出在文本语法中可能决定隐喻程度的因素取决于这个文本是口头语还是书面语,这在隐喻用法上是完全不同的。大部分学者研究学生书面语中的名化,主要在英语写作方面。由于英语句子的动词受严格的主谓关系的限制,一个句子只能有一个限定动词,因而句子更多依赖名词[8]。席绪慧、娄秀平等人将中国学生和以英语为母语的作者在书面语中使用的名化进行对比研究发现,(1) 以英语为母语的作者和中国学生所使用的名化显示出的相似性明显多于差异性;(2) 相似性在于动词名化明显多于形容词名化以及名化多数由派生方式产生;(3) 差异性在于中国学生的名化使用频率明显低于以英语为母语的作者。名化语法隐喻的语义特性决定了它在语篇中具有多种功能。但是实际教学中,不进行系统教学输入名化概念及作用,学生很难写出地道的英语句子结构。这就要求在教学中教师应有目的地利用名化各种语篇功能指导学生写作。

二、试卷及教材中的名化

试卷及教材中遇到的名化现象主要使集中在阅读语篇中,大学英语试卷或教材多涉及政治、科技、新闻及演说词等正式语篇。吴玲玲 (2012) 指出名化的语篇虽然简洁,但是也变得抽象而难以解读。魏海燕 (2010) 认为,这些阅读语篇多多少少利用了名化隐喻的潜势意义以达成各种文体特征的顺应和价值观的传递。这类语篇名化程度很高,学生很难通过表面词义去理解其中的隐含信息,难以掌握语篇中的细节,语法隐喻的理解问题就突显出来了。孙媛媛（2009）通过阅读测试发现在阅读过程中，名化在一定程度上不会造成阅读障碍。如果恰当使用名化，可以促进学习者的阅读能力。因此在阅读中准确认识以及理解名化隐喻就要求教师合理安排名化的教学。

三、对我国外语课堂教学的启示

在书面语言中，名化是更正式和抽象写作风格的最重要指标之一（Connor，1995）。从口头语言风格到学术写作，它也被认为是学生发展的最重要特征（Colombi，2002）。名化在学术写作发展中起着重要作用。当学生进入年级时，他们应该在写作中使用名化来证明他们理解这些科目中更抽象的概念，并以正式的方式表达概念。发展学术语言意味着要有良好的语法选择控制，以实现学术写作中的抽象性和技术性。其中一种选择是语法隐喻，一种普遍的学术语言特征，用不一致的语法形式表达意义（Halliday，1985）。虽然以前的研究主要集中在学术写作中的名化使用比例上（Biber，1988；Biber，1998；Ignacio，1998；Charles，2003），但很少有研究分析学生如何在学术论文中使用名化。

由于中英语言上的差异，对于二语学习者来说，理解及运用好名化是十分必要的。笔者总结了以下两点名化的教学建议：

（1）先进行名化词汇、结构教学，然后练习小句与名化结构转换，让学生了解名化的特点，培养学生英语思维能力；

（2）可以通过中国学生和英语为母语的学者的不同语料展开对比教学法，提供英文语料进行分析，模仿，不断深入名化结构的应用，使学生逐渐熟悉思维方式的转变。

而教师在教学过程中也不能一味地追求名化，国内学者多数学者只注意到名化教学在语篇中的积极作用，注重研究语篇中名化的功能。但过分使用名化往往使语篇晦涩难懂。这就要求教师在教学中把握好语篇中名化的"度"，合理教学，不能简单地将名化使用频率作为衡量学生优劣的标准。

参考文献

[1] ADAMS, U. *An Introduction to Modern English Word-Formation* [M]. London: Longman, 1973.

[2] ANDREW R. *Transformational Grammar: A First Course* [M]. Cambridge: Cambridge University press, 1998.

[3] B T, O'Grady, G. The Routledge Handbook of Systemic Functional Linguistics[C]. London: Routledge, 2017.

[4] BATEMAN J. *Multimodality and Genre: A Foundation for the Systematic Analysis of Multimodal Documents* [M]. Basingstoke: Palgrave Macmillan, 2008.

[5] BATEMAN J, M. Computational linguistics: The Halliday connection. In J. Webster (ed.), *The Bloomsbury Companion to M. A. K. Halliday*[C]. London: Bloomsbury Academic, 2015.

[6] Biber, Douglas, et al. Corpus Linguistics: Investigating Language Structure and Use[M]. Cambridge, UK: Cambridge University Press, 1998.

[7] Biber, D. et al. *Longman Grammar of Spoken and Written English* [M]. Beijing: Foreign Language Teaching and Research Press, 2000.

[8] Bloomfield. L. *Language* [M]. Beijing: Peking University Press, 2002.

[9] Bloor, Thomas and Bloor, Meriel. *The Functional Analysis of English: A Hallidayan Approach* [M]. London: Edward Arnold (Publishers) Ltd, 1995.

[10] Bodomo, Adams B. *The syntax of nominalized complex verbal predicates in Dagaare* [J]. Studio Linguistics, 2004 (1): 1-22.

[11] Boers, F. Metaphor Awareness and Vocabulary Retention [J]. Applied Linguistics, 2000. 21(4): 553-571.

[12] Brown, G., & Yule, G. *Discourse Analysis* [M]. Cambridge: Cam-

161

bridge University Press, 1983.

[13] Bussmann, H. *Rouledge Dictionary of Language and Linguistics* [M]. Routledge, 1996

[14] Canale, M. and M. Swain. *Theoretical bases of communicative approach to second language teaching and testing*. Applied Linguistics 1: 1 - 47, 1980

[15] Chomsky, N. *Language and Mind* [M]. New York: Harcourt Brace Jovanovich, 1968

[16] Chomsky, N. *Remarks on nominalization* [A]. Jacobs, Roderick A., et al. *Readings in English Transformational Grammar* [C]. Washington, D. C.: Georgetown University Press, 1970.

[17] Christine, Brook-Rose. *A grammar of metaphor* [M]. London: Secker & Warburg, 1958

[18] Coady, J & Huckin, T. *Second Language Vocabulary Acquisition* [M]. Cambridge: Cambridge University Press, 2001. 274: 5-13.

[19] Coffin, C. Theoretical approaches to written language——A TESOL perspective. In A. Burns & C. Coffin (eds.). *Analysing English in a Global Context* [C]. London: Routledge, 2001.

[20] Cong, Yinxu, *Nominalization and its Contrastive Study Between English and Chinese* [D]. 2004.

[21] Cook, V & Newson, M. *Chomsky's Universal Grammar: An Introduction* [M]. Beijing: Foreign Language Teaching and Research Press, 2000.

[22] Croft, W. (2009). Towards a social cognitive linguistics. In Evans Povrcels (Eds.). *New Directions in Cognitive Linguistics*. Amsterdam: John Benjamins Publishing. Davies, M. & Ravelli, L. *Advances in Systemic Linguistics* [M]. London: Pinter, 1992.

[23] Eggins, S. *An Introduction to Systemic Functional Linguistics* [M]. London: Pinter Publishers Ud., 1994.

[24] Eggins, S. & Slade, D. Contrasting discourse styles and barriers to patient participation in bedside nursing handovers [J]. Communication & Medicine, 2016. 13(1): 71-83.

[25] Ellis, R. *Understanding Second Language Acquisition* [M]. Oxford:

Oxford University Press, 1985.

[26] Evans V. & Green M. *Cognitive Linguistics: An Introduction* [M]. Edinburgh: Edinburgh University Press, 2006.

[27] Fang, Y. & J. Webster (eds.). *Developing Systemic Functional Linguistics: Theory and Application* [C]. Sheffield: Equinox, 2014.

[28] Fauconnier, G. *Mental Spaces* [M]. New York: Cambridge University Press, 1994.

[29] Fauconnier, G. *Mappings in Thought and Language* [M]. Cambridge: Cambridge University Press, 1997.

[30] Fauconnier, G. & Sweetser, E. *Spaces, Worlds, and Grammar* [M]. Chicago: University of Chicago Press, 1996.

[31] Fawcett, R. P. *A Theory of Syntax for Systemic Functional Linguistics* [M]. Amsterdam: Benjamins, 2000.

[32] Fontaine, L., T. Bartlett & G. O'Grady (eds.). *Systemic Functional Linguistics: Exploring Choice* [C]. Cambridge: Cambridge University Press, 2013.

[33] Fraser, B. Some Remarks on the Action Nominalization in English [J], *Readings in English Transformational Grammar*. Eds. R. A Jacobs and P. S. Rosenbanm Waltham, Mass: Ginn, 1970.

[34] Fries, C. C. *The Structure of English: An Introduction to the Construction of English Sentences* [M]. New York: Harcourt Brace, 1952.

[35] Gardner, S. & J. Donohue (eds.). Special collection: Halliday's influence on EAP practice [J]. *Journal of English for Academic Purposes*, 2020: 44.

[36] Gee, J. P. *An Introduction to Discourse Analysis: Theory and Method* [M]. Beijing: Foreign language Teaching and Research Press, 2000.

[37] Geeraerts, D. The Sociosemiotic Commitment [J]. *Cognitive Linguistics*, (4), 527-542, 2016.

[38] George, Lakoff. & Mark, Johnson. *Metaphors We Live By* [M]. Chicago: The University of Chicago Press, 1980.

[39] Geoff Thompson. *Introducing Functional Grammar* [M]. Beijing: Foreign language Teaching and Research Press, 2000.

[40] Gibbs, Jr. R. W. & Matlock, T. Psycholinguistic perspectives on polysemy [J]. *Polysemy in Cognitive Linguistics*. Amsterdam/Philadephia: John Benjamins Publishing Company, 2001: 213-240.

[41] Gleason, H. A. *Linguistics and English Grammar* [M]. New York: Holt, Rinehart and Winston, 1965.

[42] Grohmann, Kleanthes K. Functional structure in nominals: Nominalization and ergativity [J]. *Language*, 2003(3): 64-643.

[43] Guetti, J. Gambling with language: Metaphor. *Wittgenstein and the grammar of literary experience* [M]. London: The University of Georgia Press, 1993, 122-146.

[44] Halliday, M. A. K. *The Language of the Chinese "Secret History of the Mongols"* [M]. Oxford: Blackwell, 1959.

[45] Halliday, M. A. K. *An introduction to functional grammar* [M]. Beijing: Foreign Language Teaching and Research Press, 2000.

[46] Halliday, M. A. K. *Learning How to Mean* [M]. London: Edward Arnold Publishers Ltd, 1975.

[47] Halliday, M. A. K. *Explorations in the Functions of language* [M]. London: Edward Arnold, 1973.

[48] Halliday, M. A. K. *Language as social semiotic: the social interpretation of language and meaning* [M]. London: Edward Arnold, 1978.

[49] Halliday, M. A. K. *System and Function in Language* [M]. Oxford: Oxford University Press, 1981.

[50] Halliday, M. A. K. *Spoken and Written Language* [M]. Oxford: Oxford University Press, 1989.

[51] Halliday, M. A. K. Systemic theory. In R. E. Asher & J. M. Y. Simpson (eds.). *Vol. 8 of The Encyclopedia of Language and Linguistics* [C]. Oxford: Pergamon, 1994: 4505-4508.

[52] Halliday, M. A. K. *An Introduction to Functional Grammar* (2d edn.) [M]. London: Edward Arnold, 1994.

[53] Halliday, M. A. K. The grammatical construction of scientific knowledge [A]— Favretti, Giorgio Sandri and Roberto Scazzieri (eds.) *Incommensurability and Translation* [C]. UK: Edward Elgar Publishing Limited, 1999.

［54］Halliday, M. A. K. *Selected Works of M. A. K. Halliday on Applied Linguistics* ［M］. Beijing: Foreign Language Teaching and Research Press, 2015.

［55］Halliday, M. A. K. & C. Matthiessen. *An Introduction to Functional Grammar* (3rd edition). London: Routledge, 2004.

［56］Halliday, M. A. K. & C. Matthiessen. *Construing Experience through Meaning: A Language-based Approach to Cognition.* Beijing: World Publishing Company, 2008.

［57］Halliday, M. A. K. and Hasan, Ruqaiya. *Cohesion in English* ［M］. Beijing: Foreign Language Teaching and Research Press, 2001.

［58］Hatch, E. & Brown, C. *Vocabulary, Semantics and Language Education* ［M］. Cambridge: Cambridge University Press, 1995.

［59］Bouchard, D. *The Semantic of Syntax : A Nominalist Approach to Grammar*［M］. Chicago: The University of Chicago Press , 1995.

［60］Heyvaert, et al. Pronominal Determiners in Gerundive Nominalization: A "Case" Study ［J］. *English Studies*, 2005(1): 71-88.

［61］Heyvaert, Liesbet. *A Cognitive-Functional Approach to Nominalization in English*［M］. Berlin: Mouton de Gruyter, 2003.

［62］Jack, C. Richards, John, Platt. & Heidi, Platt. *Longman Dictionary of Language Teaching & Applied Linguistics* ［M］. Foreign Language Teaching and Research, 2002.

［63］Jacobs, Jeanne H. *English Transformational Grammar* ［M］. New York Chicago: Holt, Rinehart and Winston, 1970.

［64］James R. Hurford. *Semantics: a coursebook* ［M］. Cambridge University Press, 1983.

［65］Jespersen, O. *The Philosophy of Grammar* ［M］. New York: W. W. Norton & Company, 1924.

［66］Jespersen, O. *Analytic Syntax* ［M］. Chicago: The University of Chicago, 1937.

［67］Kespersen, O. Retrospect. *Essentials of English grammar* ［M］. London: George Allen & Unwin, 1983.

［68］Kittay, E. F. Semantic fields and the structure of metaphor. *Metaphor*

[M]. Oxford: Oxford University Press, 1990. 258-289.

[69] Kövecses. Z. A cognitive linguistics view of learning idoms in an FLT context [J]. *Applied Cognitive Linguistics* Ⅱ: *Language Pedagogy*. Berlin and New York: Mouton de Gruyter, 2001: 87-115.

[70] Koptjevskaja Tamm, M. *Nominalizations* [M]. Routledge,1993.

[71] Kress Cuntler. Types of process. *Halliday: system and function in language* [M]. London: Oxford University Press, 1976. 159-173.

[72] Lakoff George. *Women, Fire, and Dangerous Things: What Categories Reveal about the Mind* [M]. Chicago: The University of Chicago Press, 1987.

[73] Lakoff George & Turner Mark. *Metaphor we live by* [M]. Chicago: The University of Chicago, 1980.

[74] Lakoff George & Turner Mark. *More than Cool Reason* [M]. Chicago: The University of Chicago Press, 1989.

[75] Langacker, R. W. *Foundations of Cognitive Grammar, Vol. I: Theoretical Prerequisites* [M]. Stanford: Stanford University Press, 1987.

[76] Langacker, R. W. *Foundations of Cognitive Grammar*, Vol. Ⅱ, *Descriptive Application* [M]. Stanford: Stanford University Press, 1991.

[77] Langacker, R. W. *Foundations of Cognitive Grammar*[M]. Beijing: Peking University Press, 2005.

[78] Leckie-Tarry, Helen & David Birch. *Language and Context: A Functional Linguistic Theory of Register* [M]. London: London & New York Printer, 1995.

[79] Leech, Geoffrey. *Semantics* [M]. Penguin Books Ltd, 1985.

[80] Lester, Mark. *Introduction of Transformational Grammar of English* [M]. New York: Holt, Rinehart and Winston, 1971.

[81] Levin, Beth. *English Verb Classes and Alternations: A Preliminary Investigation* [M]. Chicago: University of Chicago Press, 1993.

[82] Levinson, S. C. *Pragmatics* [M]. Cambridge: Cambridge University Press, 1983.

[83] Liesbet Heyvaert. *A Cognitive-Functional Approach to Nominalization in English*[M]. Walter de Gruyter, 2003.

[84] Li, ji'an. *Modern English grammar*. Shanghai: Shanghai Foreign Ed-

ucation Press, 1999.

[86] Maria Koptjevskaja – Tamm. *Nominalizations* [M]. Cornwall: T J Press, 1993.

[85] Markantonatou, Stella. *Functional structure in nominals* [J]. Journal of Linguistics, 2003(1): 201.

[86] Mark Baltin&Chris Collins. *The Handbook of Contemporary Syntactic Theory* [M]. Beijing: Foreign Language Teaching and Research Press, 2001.

[87] Martin James R. *English Text, System and Structure* [M]. Philadelphia/Amsterdam: John Benjimins, 1992.

[88] Martin, J. R. et al. *Working with Functional Grammar* [M]. London: Edward Arnold, 1997.

[89] Matthews, P. H. *Morphology* [M]. Cambridge Unimrsiy Press, 1974.

[90] Matthiessen Christian. *Lexicogrammatical Cartography: English Systems* [M]. Tokyo: International Language Sciences Publishers, 1995.

[91] Morley, G. D. *An introduction to systemic grammar* [M]. London: Macmillan Publishers Ltd, 1985.

[92] Nuyts, J. Pattern versus process concepts of grammar and mind: A cognitive-functional perspective. In Mario Brdar et al. (eds), *Cognitive Linguistics: Convergence and Expansion* [C]. Amsterdam: John Benjamins Publishing Company (pp. 47-66), 2011.

[93] *Oxford Advanced Learner's Dictionary of Current English with Chinese Translation* [M]. Oxford University Press, 1996.

[94] Ouhalla, J. The structure of noun phrases and word order variation. *Functional categories and parametric variation* [M]. London: Routledge, 1991. 156-195.

[95] Paul J. Hopper & Elizabeth Closs Traugott. *Grammaticalization* [M]. Beijing: Peking University Press, 2005.

[96] Pollard, Denis, E. B. Grammatical Metaphor: Views from Systemic Functional Linguistics [J]. *Journal of Literary Semantics*, 2004(2): 197-200.

[97] Quirk, R. & Sidney, G. *A concise grammar of contemporary English* [M]. New York: Harcourt Brace Jovanovich, Inc, 1978.

[98] Quirk, R. & Sidney, G. Etl. *A comprehensive grammar of the English language* [M]. New York: Longman Inc, 1985.

[99] Rayo, Agustin. Nominalism through De-Nominalization [J] Yablo, Stephen. *Nous*, 2001(1): 74.

[100] Richards, I. A. *The Philosophy of Rhetoric* [M. New York: Oxford University Press, 1936.

[101] Revelli, L. J. Grammatical metaphor: an initial analysis [A]. In Erich, H. and Vetman R. (eds.), *Pragmatics, Discourse and Text* [M]. New Jersey: Abbox, 1988.

[102] Ronald W. Langacker. *Foundations of Cognitive Grammar* [M]. Beijing: Peking University Press, 2005.

[103] Roulet, E. *Linguistic Theory, Linguistic Description and Language Teaching* [M]. London: Longman, 1975.

[104] Russ, Charles V J. Nominalization in Martin Luther's Word Formation, *Journal of Germanic Linguistics*, 2004(3): 245-268.

[105] Siewierska, A. *Functional grammar* [M]. London: Routledge, 1991.

[106] Simpson, Geoff. *Introducing Functional Grammar* [M]. Edinburgh: Edinburgh University Press, 1979.

[107] Sinclair, J. *Corpus, Concordance, Collocation* [M]. Shanghai: Shanghai Foreign Education Press, 1990.

[108] Skehan, P. *A Cognitive Approach to Language Learning* [M]. Shanghai: Shanghai Foreign Language Education Press, 1999.

[109] Spencer, Andrew. *Morphological Theory: An Introduction to Word Structure in Generative Grammar* [M]. Oxford: Basil Blackwell Ltd., 1991.

[110] Stephan Gramley & Kurt-Michael Patzold. *A Study of Modern English* [MJ. London: Routledge, 1992.

[111] Talmy Leonard. *Toward a Cognitive Semantics* [M]. The MIT Press, 2000.

[112] Taylor, J. R. *Linguistic Categorization: Prototypes in Linguistics Theory* [M]. Beijing: Foreign Language Teaching and Research Press, 2001.

[113] Tenny, C. *Aspectual Roles and the Syntax-Semantics Interface* [M].

Kluwer, Dordrecht, 1994.

[114] Thompson G. *Introducing functional grammar* [M]. Beijing: Foreign Language Teaching and Research Press, 2000.

[115] Tsur, R. *What is Cognitive Poetics?* [M]. Tel Aviv: Katz Research Institute for Hebrew Literature, 1983.

[116] Turner, M. *The Literary of Mind* [M]. Oxford: Oxford University Press, 1996.

[117] Ungerer, F. & Schmid H. J. *An introduction to Cognitive Linguistics* [M]. Beijing: Foreign Language Teaching and Research Press, 2003.

[118] Ventola, E. (eds). *Functional and Systemic Linguistic* [C]. New York: Mouton de Gruyter. Beijing: Foreign Language Teaching and Research Press, 1991.

[119] Wilkins, 2003, What is Nominalization, nominalization. htm. Aug 21, 2006.

[120] Xi Xuhui. A Study of English Nominalization in Non-English Majors' Compositions and Its Pedagogical Implications-Supported by Corpora FLOB and LLC [D]. East China Normal University, 2006.

[121] Xin, Zhiying & Huang, Guowen. *Systemic functional linguistics as a general linguistics: An overview of its developments over the last 50 years* [M]. Beijing: Foreign Language Education, 2011(4): 22-26+84.

[122] Yule, G. *Pragmatics* [M]. Shanghai: Shanghai Foreign Language and Education Press, 2000.

[123] Zhao Haiyan. Explanations of nominalization from critical linguistic perspective [D]. , 2006.

[124] Zhu Yubin. A Contrastive Study on English and Chinese Lexical Nominalization [D]. Anhui University, 2003.

[125] 蔡金亭, 朱立霞. 认知语言学角度的二语习得研究:观点、现状与展望 [J]. 外语研究, 2010. (1): 1-7.

[126] 蔡基刚. 英汉写作修辞对比 [M]. 上海:复旦大学出版社, 2003.

[127] 常晨光. 英语中的人际语法隐喻 [J]. 外语与外语教学, 2001 (7): 6-8.

[128] 陈定长. 试探英语连系式名词 [J]. 福州大学学报（社会科学版），1997（1）：47-99：57.

[129] 陈嘉映. 语言哲学 [M]. 北京：北京大学出版社，2004.

[130] 陈明瑶. WTO 文本的词汇特点及其翻译 [J]. 上海科技翻译，2003（4）：18-20.

[131] 陈渊. 英语名词的非范畴化 [D]. 重庆：西南大学，2007.

[132] 程工. 名物化与向心结构理论新探 [J]. 现代外语，1999（2）：131-144.

[133] 程晓堂. 名词化与语用预设 [J]. 外语研究，2003（3）：19-23.

[134] 从迎旭. 名物化英汉对比研究 [J]. 四川外语学院学报，2004（4）：89-92.

[135] 嵇芳. 中英文广告语篇中名词化的认知研究 [D]. 苏州：苏州大学，2008.

[136] 崔希亮. 认知语言学：研究范围和研究方法 [J]. 语言教学与研究，2002（5）：1-12.

[137] 董保华，任大玲，杨炳钧. 系统功能语言学认知转向辩证 [J]. 外国语文，2017，33（1）：67-73.

[138] 董宏乐，顾萍. 英语中掩饰动因的手段 [J]. 外语教学，2000（4）：21-25.

[139] 高芳，徐盛桓. 名动转用语用推理的认知策略 [J]. 外语与外语教学，2000（4）：13-16；20.

[140] 高嵩，陈朝霞. 介词在名词化过程中的体现 [J]. 山东外语教学，2007（2）：83-86.

[141] 范文芳. 语法隐喻理论研究 [M]. 北京：外语教学与研究，2001.

[142] 范文芳. 名词化隐喻的语篇衔接功能 [J]. 外语研究，1999（1）：9-12.

[143] 范文芳，汪明杰. 论三大流派对英语名词化现象的研究 [J]. 外语研究，2003（3）：15-18.

[144] 冯树鉴. 科技翻译中文体之运用 [J]. 外语教学，1991（3）：65-70.

[145] 谷小娟. 认知语言学对英语词汇教学的几点启示 [J]. 天津外国语学院学报, 2002（2）: 41-44.

[146] 桂诗春, 杨惠中. 中国学习者英语语料库 [M]. 上海: 上海外语教育出版社, 2002.

[147] 郭宇静. 从语法隐喻理论析名物化在法律语言中的功能及运用 [D]. 重庆: 西南政法大学, 2008.

[148] 郝慧敏. 认知语言学理论在高校日语教学中的应用 [J]. 教育理论与实践, 2018, 38（18）: 61-62.

[149] 何安平. 语料库语言学与英语教学 [M]. 北京: 外语教学与研究出版社, 2004.

[150] 何玉静. 高校英语阅读教学中的隐喻思维 [J]. 中国成人教育, 2009（7）: 155.

[151] 何兆熊. 语用学概要 [M]. 上海: 上海外语教育出版社, 1999.

[152] 何自然, 陈新仁. 英语语用语法 [M]. 北京: 外语教学与研究出版社, 2004.

[153] 胡壮麟. 韩礼德的语言观 [J]. 外语教学与研究, 1984（1）: 23-29.

[154] 胡壮麟. 解读韩礼德的 Appliable Linguistics [J]. 四川外语学院学报, 2007（6）: 1-6.

[155] 胡壮麟. 后韩礼德时代功能语言学的发展趋势 [J]. 当代外语研究, 2021（1）: 44-53.

[156] 胡壮麟. 认知隐喻学 [M]. 北京: 北京大学出版社, 2004.

[157] 胡壮麟. 评语法隐喻的韩礼德模式 [J]. 外语教学与研究, 2000（2）: 88-94.

[158] 胡壮麟. 系统功能语言学的认知观 [J]. 外语学刊, 2014（3）: 44-50.

[159] 胡壮麟, 朱永生等. 系统功能语言学概论 [M]. 北京大学出版社, 2005.

[160] 胡壮麟, 朱永生, 张德禄, 等. 系统功能语言学概论（修订版）[M]. 北京: 北京大学出版社, 2008.

[161] 胡裕树, 范晓. 动词形容词的"名物化"和"名词化" [J].

中国语文, 1994 (2): 81-85.

[162] 黄梨. 系统功能语言学中韩礼德语言理论概说 [J]. 语文建设, 2015 (32): 92-93.

[163] 蒋婷婷, 绍春子. 认知语言学理论在日语词汇教学中的应用 [J]. 珠江论丛, 2019 (01): 151-161.

[164] 江淑娟, 戴卫平. 韩礼德系统功能语言学概说 [J]. 广西社会科学, 2006 (11): 159-162.

[165] 杨雪芹. 韩礼德的层次化思想与系统功能语言学理论的建构 [J]. 外语研究, 2015 (1): 24-28.

[166] 黄橙紫. 科技英语词汇的统计特征 [J]. 同济大学学报 (社会科学版), 2003 (2): 97-101.

[167] 黄国文. 系统功能语言学研究中的整合 [J]. 中国外语, 2009, 6 (1): 17-23。

[168] 黄国文. 韩礼德系统功能语言学40年发展述评 [J]. 外语教学与研究, 2000 (1): 15-21; 78.

[169] 黄峻峰. 科技英语文体的特点 [D]. 长春: 长春理工大学出版社, 2003.

[170] 黄俊娟. 隐喻认知与英语阅读教学 [J]. 中国农业银行武汉培训学院学报, 2012 (6): 57-60.

[171] 金华良, 颜小娜. 概念隐喻与意象图式法在英语阅读教学中的运用 [J]. 浙江万里学院学报, 2008 (2): 129-130.

[172] 金立鑫. 语法的多视角研究论纲 [M]. 学校流, 1993 (1): 100-101.

[173] 李京南. 名词化隐喻在语篇构建中的功能浅析 [J]. 成都信息工程学院学报, 2003 (3): 328-331.

[174] 李森. 改进英语写作教学的重要举措: 过程教学法 [J]. 外语界, 2000 (1): 19-23.

[175] 李诗平. 隐喻的结构类型与认知功能研究 [J]. 外语与外语教学, 2003 (1): 15-18.

[776] 李新博. 高校英译汉课程的教学重点探析 [J]. 西安外国语学院学报, 2003 (4): 23-27.

[177] 梁晓波. 认知语言学对英语词汇教学的启示 [J]. 外语与外语

教学，2002（2）：35-39.

［178］梁文花，秦洪武. 我国近十年"体裁理论"研究概观［J］. 外语教学，2009，30（1）：44-48.

［179］刘国辉，陆建茹. 国外主流语言学派对名词化的研究［J］. 外语与外语教学，2004（9）：17-22.

［180］刘国辉，汪兴富. 名化、级差转移、原型范畴及名化研究框架体系的思考——诠释 Heyvaert 的 A Cognitive-Functional Approach to Nami-nalization in English（2003）［J］. 外国语（上海外国语大学学报），2005（4）：37-43.

［181］刘世生. 系统功能理论对现代文体学的影响［J］. 外国语（上海外国语学院学报），1994（1）：14-18；7.

［182］刘正光. 认知语言学的语言观与外语教学的基本原则［J］. 外语研究，2010（1）：8-14.

［183］刘正光. 名词动用过程中的隐喻思维［J］. 外语教学与研究，2000（5）：335-339.

［184］陆国强. 现代英语词汇学［M］. 上海：上海外语教育出版社，1999.

［185］马铭鸿. 系统功能语言学纯理功能视角下高中英语文体教学与写作水平提高实证研究［D］. 贵阳：贵州师范大学，2017.

［186］马志芳. 英语动词的名词化认知分析［D］. 开封：河南大学，2005.

［187］缪道蓉. 英语名词化的认知功能研究［J］. 西华大学学报（哲学社会科学版），2005（2）：64-66.

［188］彭建武. 认知语言学研究［M］. 青岛：中国海洋大学出版社，2005.

［189］蒲洁. 论认知语言学理论对新时期大学英语词汇教学的启示［J］. 当代教育实践与教学研究，2018（04）：66-67.

［190］齐世和. 大学英语作文评析［M］. 北京：北京理工大学出版社，2004.

［191］秦秀白. 文体学概论［M］. 长沙：湖南教育出版社，1991.

秦秀白. 英语语体和文体要略［M］. 上海：上海外语教育出版社，2002.

[192] 仇伟. 乏词义结构的认知及功能研究 [J]. 外国语言文学, 2006 (1): 1-5; 72.

[193] 阮洋. 基于语料库的科技英语中名词化结构及其概念功能分析 [D]. 武汉: 华中科技大学, 2006.

[194] 屈承熹. 汉语认知功能语法 [M]. 哈尔滨: 黑龙江人民出版社, 2005.

[195] 曲英华. 名词化结构的综合分析 [J]. 山东师大外国语学院学报 (基础英语教育), 2003 (3): 48-50.

[196] 沈家煊. 认知语法的概括性 [J]. 外语教学与研究, 2000 (1): 29-33; 79.

[197] 石毓智. 语法的认知语义基础 [M]. 南昌: 江西教育出版社, 2000.

[198] 束定芳. 隐喻学研究 [M]. 上海外语教育出版社, 2000.

束定芳. 认知语义学 [M]. 上海: 上海外语教育出版社, 2008.

[199] 束定芳. 认知语言学研究方法、研究现状、目标与内容 [J]. 西华大学学报 (哲学社会科学版), 2013, 32 (3): 52-56.

[200] 陶文好. 论象征结构——认知语法理论的核心 [J]. 外语与外语教学, 2000 (2): 20-22; 50.

[201] 王芳. 探析认知语言学理论在大学英语词汇教学中的应用 [J]. 海外英语, 2019 (22): 94-95.

[202] 王馥芳. 认知语言学方法论反思性批评 [J]. 外语研究, 2015 (1): 5-10; 112.

[203] 王建丽. 名词化的语义特征及其在语篇中的功能 [J]. 文教资料, 2006 (17): 131-133.

[204] 王晋军. 名词化在语篇类型中的体现 [J]. 外语学刊, 2003 (2): 74-78.

[205] 王铁铭. 浅谈动词名词化的结构特征 [J]. 黑龙江教育学院学报, 2004 (5): 106-107; 110.

[206] 王柔化. 从系统功能语言学视角谈如何实施英语写作教学——评《过程-体裁英语写作教学法的构建与应用》[J]. 中国高教研究, 2016 (6): 111-112.

[207] 王薇. 从系统功能语法的名词化研究分析 Halliday 的语义观

[J]. 北京第二外国语学院学报, 2005 (2): 10-13.

[208] 王寅. 体认语言学的理论与实践——以体认参照点为例 [J]. 北京第二外国语学院学报, 2021, 43 (3): 3-15.

[209] 王妍, 琚丽君. 系统功能语言学视角下的英语新闻语篇分析——以2015年2月15日《中国日报》和《路透社》对丹麦枪击事件的英文报道为例 [J]. 江苏外语教学研究, 2017 (1): 63-64.

[210] 王晓铃. 形容词名词化的认知结构分析 [J]. 语文学刊, 2008 (21): 166-168; 170.

[211] 王志芳. 名词化现象与英语书面语体正式程度之功能解析 [D]. 长春: 东北师范大学, 2002.

[212] 吴静. 试论英汉语人体名词在隐喻空间关系中的语法化现象 [J]. 外语与外语教学, 2003 (6): 32-35.

[213] 吴书祉. 名词化和语言习得 [J]. 江南大学学报（人文社会科学版）, 2003 (3): 87-89.

[214] 肖建安, 王志军. 名物化结构的功能及变体特征 [J]. 外语与外语教学, 2001 (6): 9-11.

[215] 谢金荣. 从认知角度分析英语名词化现象 [J]. 西南政法大学学报, 2006 (2): 120-124.

[216] 徐瑾. 英汉新闻语篇语法隐喻现象对比分析 [D]. 曲阜: 曲阜师范大学, 2007.

[217] 徐莉娜. 隐喻语的特征与分类 [J]. 外语研究, 2000 (4): 15-18; 64.

[218] 徐烈炯. 生成语法理论 [M]. 上海: 上海教育出版社, 2009.

[219] 徐为民. 从形容词性语言到名词性语言 [J]. 浙江大学学报（人文社会科学版）, 2007 (2): 192-199.

[220] 许余龙. 对比语言学 [M]. 上海: 上海外语教育出版社, 2002.

[221] 严世清. 隐喻理论史探 [J]. 外国语（上海外国语大学学报）, 1995 (5): 27-31.

[222] 杨炳钧, 尹明祥. 系统功能语法核心思想对语言教学的指导意义 [J]. 外语学刊, 2000 (3): 9-15.

[223] 杨丰宁. 名词化现象及其原因 [J]. 外语教学, 1996 (3): 53

-57.

[224] 杨龙秀. 名词动化的动因、条件及机制研究 [D]. 长沙：湖南师范大学，2005.

[225] 杨小虎，王君，吴雅凤. 名词化的主流学派研究 [J]. 重庆大学学报（社会科学版），2004（5）：101-106.

[226] 杨信彰. 英语书面语体中的词汇密度特征 [J]. 解放军外语学院学报，1995（3）：14-18.

[227] 杨信彰. 隐喻的两种解释 [J]. 外语与外语教学，1998（10）：4-7；57.

[228] 杨信彰. 名词化在语体中的作用——基于小型语料库的一项分析 [J]. 外语电化教学，2006（2）：3-7.

[229] 姚明发. 英语名物化的功能研究 [D]. 南昌：江西师范大学，2003.

[230] 姚明发，程绍武. 英语名物化的功能与认知研究 [J]. 济南大学学报（社会科学版），2005（4）：59-63.

[231] 袁园. 名词化隐喻及其对英语教学的几点启示 [J]. 太原师范学院学报（社会科学版），2006（6）：162-164.

[232] 岳好平. 动词名物化的认知研究 [D]. 长沙：湖南师范大学，2005.

[233] 张伯江. 现代汉语语法的功能、语用、认知研究（二）[M]. 北京：商务印书馆，2016.

[234] 张德禄. 功能文体学 [M]. 济南：山东教育出版社，1998.

[235] 张德禄. 系统功能语言学在外语教学中的应用 [J]. 外语艺术教育研究，2006，(2)：55-65.

[236] 张德禄，刘汝山. 语篇连贯与衔接理论的发展及应用 [M]. 上海：上海外语教育出版社，2003.

[237] 张德禄，苗兴伟，李学宁. 功能语言学与外语教学 [M]. 北京：外语教学与研究出版社，2005.

[238] 张高远. 汉语"名物化"研究综述 [J]. 语文学刊，2004（1）：50-55.

[239] 张高远，王克非. 名化研究的新路径 [J]. 外国语（上海外国语大学学报），2004（6）：45-50.

[240] 张今, 张克定. 英汉语信息结构对比研究 [M]. 开封: 河南大学出版社, 1998.

[241] 张良军. 叶斯柏森核心语法对英语名化研究的影响 [J]. 天津外国语学院学报, 2007 (3): 37-41.

[242] 张绍全. 中国英语学习者多义词习得的认知语言学研究 [M]. 重庆: 重庆大学出版社, 2010.

[243] 赵利娟. 认知语言学理论指导下的外语读写结合教学研究 [J]. 课程教育研究, 2016 (35): 86.

[244] 赵艳芳. 认知语言学概论 [M]. 上海: 上海外语教育出版社, 2001.

[245] 邓隽. 英语名词化的语篇功能及英语科技语篇的汉译 [D]. 上海: 上海海事大学, 2007.

[246] 周频. 论认知语言学与系统功能语言学对语篇连贯解释的互补性 [J]. 外语学刊, 2009 (3): 56-61.

[247] 周小芳. 名物化的系统功能语言学分析 [D]. 上海: 上海外国语大学, 2007.

[248] 朱永生. 名词化、动词化与语法隐喻 [J]. 外语教学与研究, 2006 (2): 83-90; 160.

[249] 朱永生, 严世清. 语法隐喻理论的理据和贡献 [J]. 外语教学与研究, 2000 (2): 95-102; 160.

[250] 朱永生, 严世清. 系统功能语言学多维思考 [M]. 上海: 上海外语教育出版社, 2001.

附 录

（一）Nominalizations in Year 1 students writing

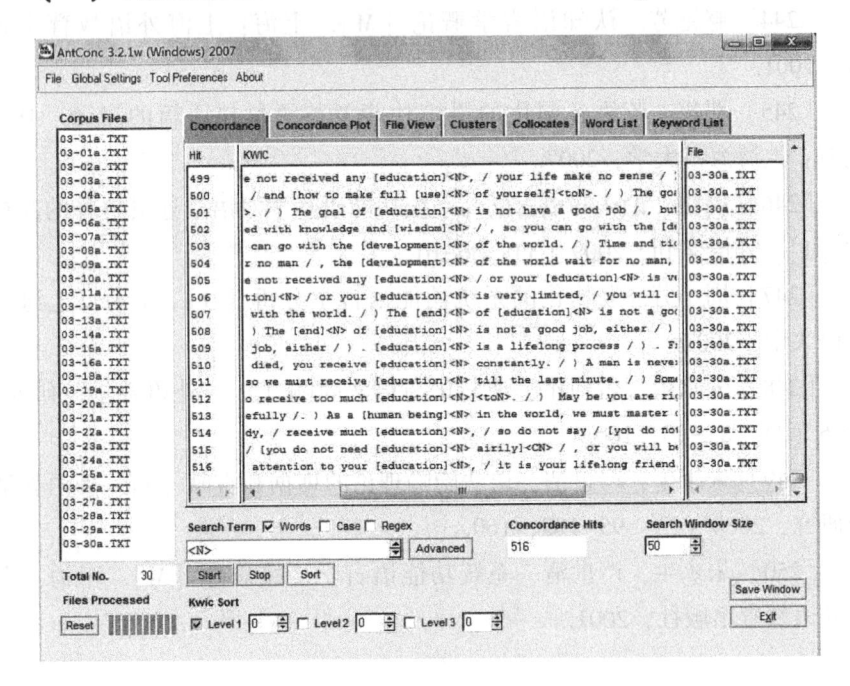

（二）Nominalizations in Year 4 students writing

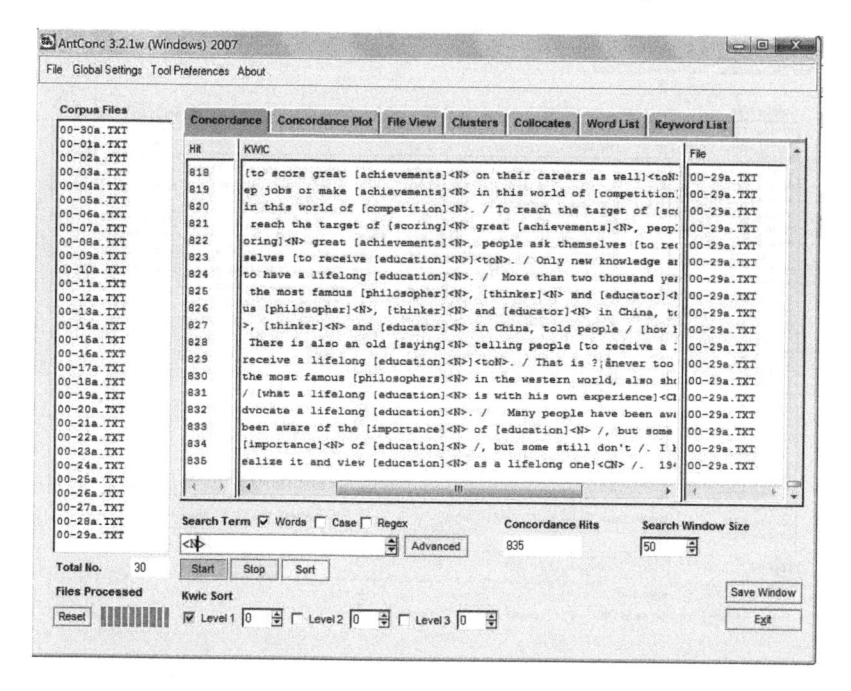

（三）Number of clauses in Year 1 students writing

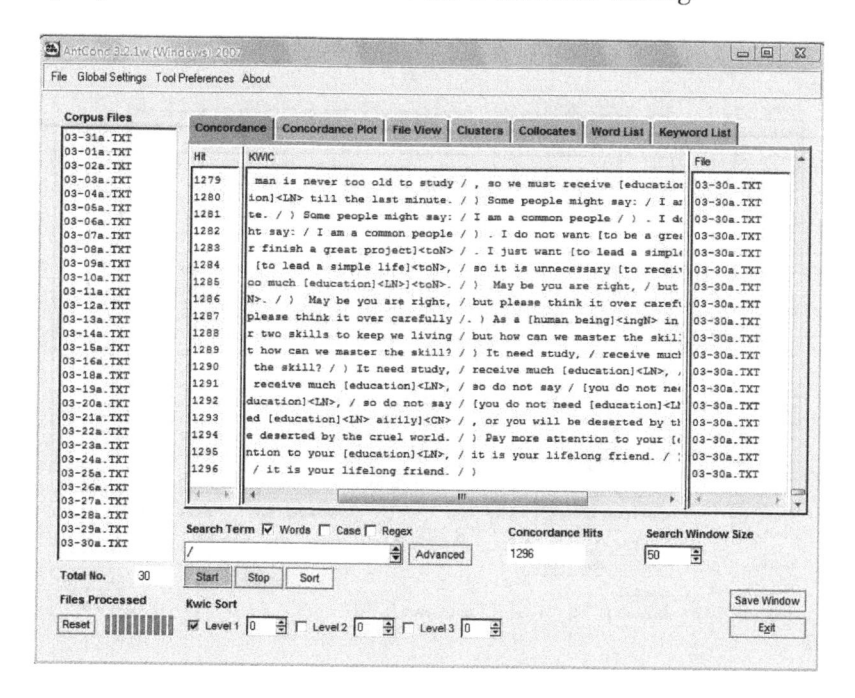

（四）Number of clauses in Year 4 students writing

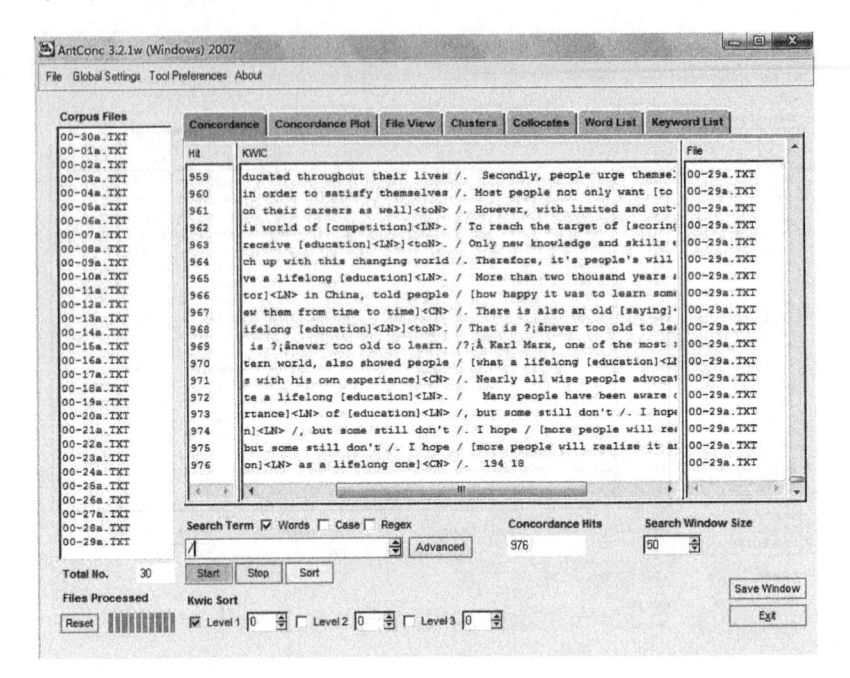

（五）Number of *-ing* nominalization in Year 1 students writing

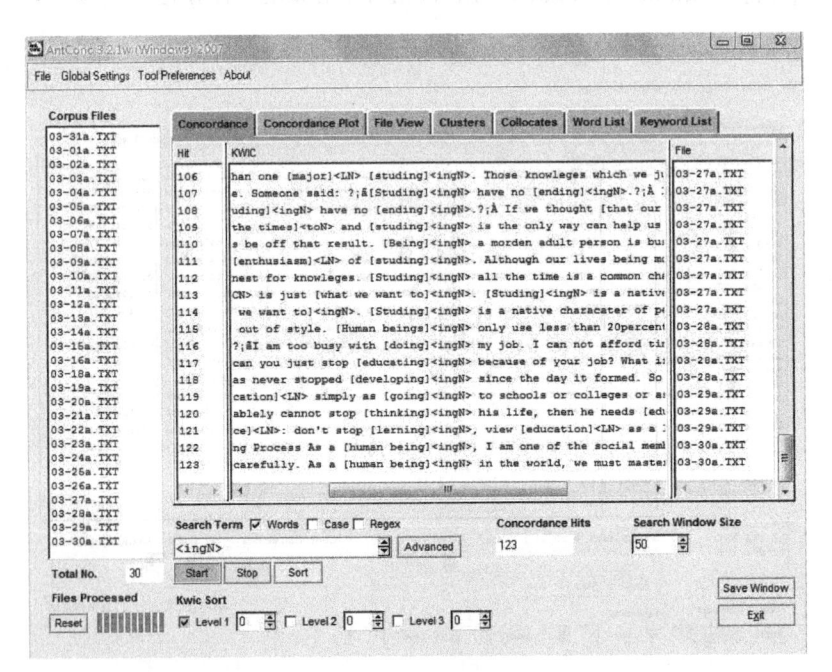

(六) Number of *-ing* nominalization in Year 4 students writing

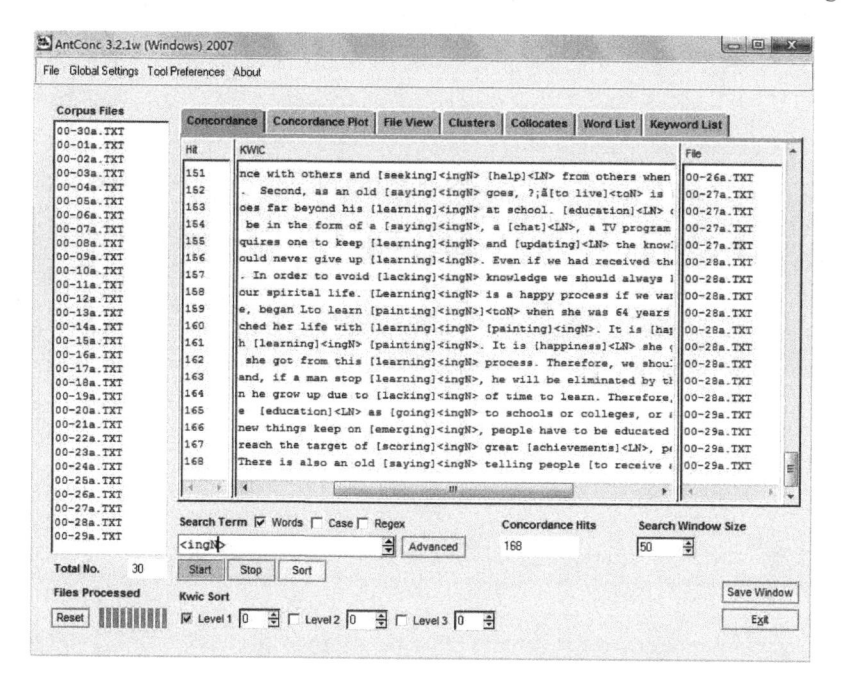